湛庐CHEERS

与最聪明的人共同进化

HERE COMES EVERYBODY

脳科学者が教えるコスパ最強！勉強法

[日]上冈正明 著
[日]高木弥佳 译

浙江教育出版社·杭州

你了解如何建立大脑的自动学习机制吗?

扫码激活这本书
获取你的专属福利

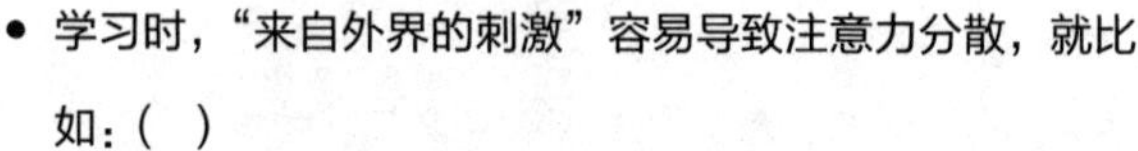

- 学习时，“来自外界的刺激”容易导致注意力分散，就比如：(　)

  A. 桌上只放置与学习相关的书籍和笔记本

  B. 使手机处于静音模式

  C. 关上房门，让自己身处安静的环境中

  D. 戴上耳机，边听喜欢的音乐边学习

扫码获取全部测试题及答案，看看你是否了解如何高效地学习?

- 脑科学家提出了最适合学习的时段，这个时段是?(　)

  A. 7：00—8：00

  B. 9：00—10：00

  C. 19：00—20：00

  D. 10：30—11：30

- 利他性目标更能激发我们的动力，提高学习效率。以下哪一项不属于利他性目标?(　)

  A. 为了给社会做更多贡献而努力学习或工作

  B. 为了拥有更多仰慕者而努力学习或工作

  C. 为了让父母更加高兴、放心而努力学习或工作

  D. 为了给子女树立更好的榜样而努力学习或工作

扫描左侧二维码查看本书更多测试题

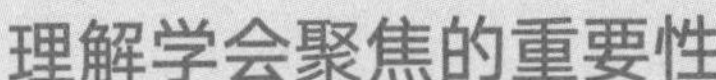

理解学会聚焦的重要性

大家每天大概学习多长时间？效果如何？

据说，日本成年人平均每天的学习时间大约仅为 6 分钟。事实上，当许多人离开学校进入社会后，就不再学习了。

他们为什么不学习？原因之一是失去了学习的目标。社会不同于学校，许多人没有诸如通过期末测验或升学考试之类的明确目标，因此难以聚焦。在没有明确目标的情况下，人是很难付诸行动的。

“工作太忙，没有时间学习。”

“3 分钟热度，不能持之以恒。”

“不知道要学什么。”

人们会有诸如此类的烦恼，大多是因为自身还没有树立明确的目标，即不确定“想要通过学习达到怎样的效果”。

从某种程度上来说，相比学生，成年人更需要学习。无论是工作，还是人际关系，教养礼仪，投资理财等，成年人只有不断地丰富各方面的知识，才能实现他们期待的理想人生。缺乏专业的知识和技能会影响人们的工作，给生活带来压力，从而导致人们对未来感到不安。所以，对成年人来说，学习是拥有美好人生的必经之路。

学习的好处，不仅限于可以获得知识。人们通过学习，可以提高工作效率，扩大可从事的工作范围；不但能提高个人的市场竞争力，还能带来升职加薪的机会。此外，通过学习，人们还可以建立起新的人脉关系，这对个人的事业发展和生活都是大有裨益的。如果只满足于做好眼前的工作而不通过学习获得个人成长，那么，在漫长的人生中很有可能会止步不前。

相信大家已经大致理解了学习对于人生的重要性。接下来，如果大家即将开始学习，或者对现有的学习方法抱有疑问，可以

做一个简单的测试，以了解和明确自己目前的想法和状态。

请在下列选项中，选出与自身情形相符的选项。

- □没有明确的学习目标
- □基本没有阅读的习惯
- □不知道从何学起
- □每天学习两门以上的学科知识
- □更注重学习新的知识，而非消化理解已了解的东西
- □只浏览单一的新闻网站
- □碎片时间或休息时间都用于打游戏
- □爱拖延
- □没有使用手账或记事本的习惯
- □没有健康的生活习惯
- □办公或学习桌面杂乱无序

上述选项中如果有多项符合你的情况，那么你的学习方法可能是“高付出、低效能”的，容易使你事倍功半。

- “学习（Input）× 应用（Output）× 改善（Kaizen）”的 IOK[①] 高速循环学习法
- “分散效果 × 情景记忆 × 应用”的高速阅读法
- “每天 90 分钟”的高度专注学习法
- “浏览标题”的信息收集法
- “目标→学习→结果”的笔记整理法

如果你能有效利用上述学习技巧，就能通过“低付出、高效能”的学习方法，习得技能，建立起大脑的自动学习机制！

“哪怕一开始充满动力，也很难坚持学下去。”

“即便如此，还是想发现自己新的可能性。”

“想以最短的时间取得最好的学习效果。”

“想习得优于竞争对手的技能。”

如果你有诸如此类的想法，那么，读完本书一定会获益良多。

为了让以后的人生更加精彩，请尽快学会聚焦，并开始学习吧！

① 在本书中，作者分别以英语的 Input、Output 指代学习和应用，以日语读音的罗马字母拼写 Kaizen 指代改善，IOK 为取三者首字母的简称。——译者注

第 1 章

有助于高效学习的 目标设定

第 2 章

能迅速提高效率的 IOK 高速循环学习法

第 3 章 建立条件反射式的自动学习机制——让学习成为习惯

第 4 章

不被时代淘汰、全面均衡的 信息收集法

第 5 章

有助于取得资格证书和投资理财的
积累型学习的高效记忆法

第1章

有助于高效学习的目标设定

开始学习之前，设定目标非常重要。我们需要明确自己为什么要学习，想要获得怎样的发展。通过制订计划，我们可以杜绝“三天打鱼，两天晒网”，保持长期学习的动力。

通过设定阶段性小目标来激发学习动力

我们为什么要学习？在开始学习之前，设定目标最重要。

1 利用色彩浴效应，下意识地开始学习

对于学习来说，动力是必不可少的。

所以在学习之初，我们就需要定好目标。目标明确了，我们才清楚应该学习什么，自然也就会有更多动力学习。明确的学习目标还可以帮助我们提高专注力，带来具体的结果。

当人们把注意力集中在某件事上时，就会下意识地捕捉与其相关的信息。心理学上将这种现象称为“色彩浴效应”，其效果已得到科学证实。

由此可见，通过设定明确的目标，我们会为了获得各种各样的信息而开始自然地进入学习状态。如果我们能坚持树立明确的目标，自然而然地就会养成主动学习的习惯。

2 设定目标后，多巴胺会激发我们的动力

设定目标能刺激大脑分泌多巴胺。分泌多巴胺是大脑奖励机制的重要组成，当我们设定目标后，大脑就会分泌多巴胺来激励我们朝着实现目标的方向努力。

当目标实现时，大脑分泌的多巴胺会让人产生获得成功的愉悦感。比如考试取得好成绩时，我们会被幸福感所包围。一旦我们体验过这种愉悦感，就会意犹未尽地想要再次获得同样的体验。

所以说，设定目标就是打开动力的开关。我们最好设定具有可行性的、可实现的阶段性小目标。一旦成功实现，我们就能获得幸福体验。

如果设定的目标太大，短时间内无法达成，我们不但不能获得幸福体验，反而会觉得压力重重。一旦人的压力过大，就会产生厌烦情绪，容易丧失为实现目标而努力的动力。

所以，通过积累无数次小的阶段性成功，逐步实现最终的大目标，才是合理的目标实现计划。故此，我们可以通过实现小目标获得小奖励来促使大脑持续分泌多巴胺，保持幸福体验，由小及大，从而一步步达成大的目标。

POINT

通过设定目标来不断激发自己的动力！刺激多巴胺的分泌，我们学习起来就会动力十足。

成功在于持之以恒

每一次小的坚持都有助于我们走向成功。

1 持之以恒的人才能取得成功

在设定目标时，很多人会感到不安。人们可能会担心：我的目标真的能达成吗？我并没有什么才能，也能实现心中所想吗？如此种种对未来的不安，很容易让人失去努力的动力。

这种不安，其实是人们不自觉地将自己和其他有才能的人进行比较而引起的。事实上，多数被称为天才的人，并非一出生就是天才，他们也是靠长期的努力，一点一滴的积累，在逐步达成目标的同时不断磨炼自己，才拥有了大家看到的才能。

有才能的人往往在早期阶段就开始努力并持之以恒。所以，我们可以理解为，人与人之间才能的差距其实来源于有无持续努力的习惯。

2 很多人都在反复经历失败和挫折

我们看到别人一切顺遂，往往会误以为他做什么都很顺利、很容易，而他实际上可能经历了无数次失败和挫折。

当今社会，人们倾向于通过网络平台快捷地获得表层信息，容易忽视成功者背后的失败与努力。

有才能的人，很有可能只是不畏失败和挫折，拥有超出常人的坚持下去的毅力。

没有人是打一开始就拥有才能的。换句话说，任何人只要能付出努力并坚持下去，就能成为有才能的人。

坚持稳扎稳打地不断实现小目标，能帮助大脑持续地分泌多巴胺。即使当下看还是遥不可及的大目标，在持续努力的过程中也能自然而然地得以实现。

人们常说“坚持就是胜利”，我们不妨用逆向思维思考一下如何才能坚持下去，弄清楚这一点有助于我们达成目标。努力和学习时间与成长的关系如下图所示。

促使我们产生动力的核心是什么？哪些事情是我们可能付诸行动的？问题越具体，答案就越明确。在开始学习之前，我们务必弄清楚设定怎样的目标才能激发自己的动力。

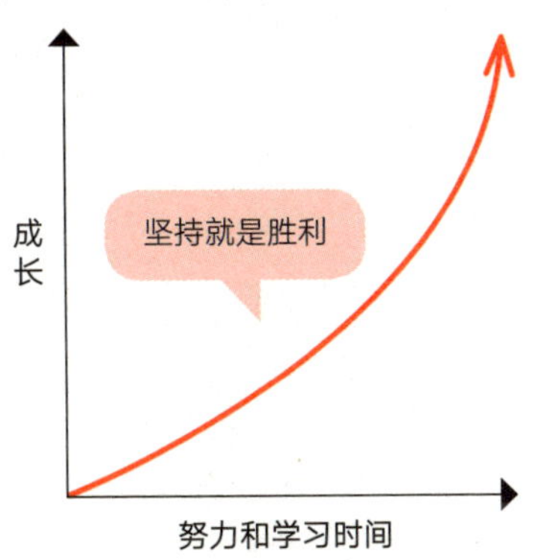

POINT

能够努力并持之以恒的人才能够成为有才能的人。能克服失败和挫折的人才能最终获得成功。

把学习当作游戏而乐在其中

"游戏化学习"，让学习的动力更持久。

1 学习就像玩游戏，寓学于乐

当我们在一定程度上明确了学习的目标之后，接下来就需要思考如何才能让学习的动力更持久。

一般来说，喜欢学习的人并不多。然而，当人们被问起"是否喜欢玩游戏"时，大多数人的回答都是"不讨厌"。

为什么不讨厌玩游戏？原因很简单，因为游戏充满了乐趣。大多数人从小就形成了一种思维定式，认为对待学习就要严肃认真，而游戏只需要愉快地享受就好了。

近年来，"游戏化"这一概念被逐渐应用于学习领域。游戏化是指在非游戏的领域中引入游戏的元素和机制，使该领域的参与者乐在其中。平时，我自己也是以"像玩游戏一样去享受"的态度来对待学习和工作的。

就像玩角色扮演类游戏一样，如果我们把每项学习内容都当作游戏中的通关任务，那么每完成一项，我们就会和玩游戏一样体验到通关的乐趣。

通过把学习游戏化，我们可以毫无压力地主动把精力投入学习中去。

② 游戏刺激多巴胺分泌

游戏之所以有强大的吸引力，是因为它能通过有效刺激多巴胺分泌来激发玩家的兴趣。

学习也是一样。如果我们能在学习中体验到像在游戏中打败对手，发现隐藏宝藏的兴奋感（高刺激感受），我们也将对学习乐此不疲。

如果我们能有效利用“游戏化学习”的方法，即使目标设定得较为模糊，也能有动力去学习。同时，适当降低目标的难度，我们就不会卡在进入学习的第一步而停滞不前。

“游戏化学习”还可以缓解压力。如果一个人的压力过大，大脑运转的功能就会减弱，从而不能很好地工作。如果我们将学习视为一件辛苦且很有压力的事情，那么我们在学习过程中就更容易感到吃力。

我们要通过调整心态来刺激大脑，使之活跃起来。把要做的事情当成游戏来享受是达成目标的关键，只有这样做，我们才能保持热情并坚持下去。

POINT

像玩游戏一样学习，可以缓解压力，让我们更容易坚持下去。寓学于乐很重要。

从3天到3个月再到3年

可实现、可持续、可管理的学习周期

1 先坚持3天试试看

为了更好地聚焦，我通常会将一个学习周期分为3个阶段。

首先，凡事先坚持3天试试看。如果你连3天都不能坚持，那么势必不能长期坚持下去。反过来说，只要能连续坚持3天做同一件事，我们就很有可能将这件事长期做下去。

3天是指“尽可能马上进行”的一个周期。我们往往想得太多而做得太少，所以真正需要的不是行动前各种深思熟虑的准备工作，而是尽快付诸行动。

我们总是将事情越想越难，然后就不了了之。比如，为了学习，我们先了解和掌握了很多学习方法，但是如果就此满足而不将这些方法应用到学习中去，这样做就毫无意义。

所以，我们不妨抱着“坚持不了3天的事情就放下”这样一种“放弃心态”去尝试，那么相应地，对于那些马上就能做到的事情，我们的积极性也会更高。将3天作为一个周期来判断自己是否真的能做好一件事比较合适。

先学习 3 天试试看。如果不能坚持，不妨改变一下学习方法。试着找到适合自己的学习方法吧。

② 坚持 3 个月就能掌握基础

如果我们坚持学习了 3 天，接下来，就尝试把坚持 3 个月作为目标。3 个月正好是打好基础的一个周期。

在这 3 个月里，我们会多次经历成功和失败，并能在一定程度上了解全貌，明晰我们要掌握的是怎样的知识和技能。我的公司通过 3 个月的经营基本达到了稳定状态；我的投资花了 3 个月的时间才创造了较大的利润；就连我的视频媒体账号，也是通过 3 个月的运营才收获 4 万订阅者。

我们可以相信，任何事情只要能坚持 3 个月，就一定会有所收获。3 个月后再来看看自己距离原定目标还差多远，如果在一定程度上已经初见成效，或者取得了一定的进展，那么我们关于今后能进一步取得更大成绩的期待也一定不是空想。

凡事如果不能带来切实的成果，就需要思考其是否具有意义。除了那些原本就需要花费很长时间才能有所收获的事情，大部分事情都能在 3 个月内取得一定的成果。

如果坚持了 3 个月都毫无收获，就有必要作出适当调整，重新设定目标。要想让学习变得高效，就要放弃无意义的坚持。具备及时止损的判断力也非常重要。

每个人都各有所长，与其勉为其难地坚持做那些不适合自己的事情，不如找到适合自己的方向，这样做事不但更有动力，效率也会更高。

③ 花 3 年时间，从掌握基础到精通

如果我们在 3 个月内取得了相应的成果，下一步就可以以 3 年为周期，迈入一个更高的阶段。坚持 3 年，有利于我们熟练掌握专业知识或者精通所学的技能。

3 年对于我个人而言，是进一步克服逆境和失败，发掘潜能的周期。花 3 年时间坚持做一件事情，就能拥有更强的应对问题和突发状况的能力。

在学习初期，我们只需要心无旁骛地集中精力去掌握相关知识即可，但随着学习范围的扩大、知识储备的增加，我们就需要拥有整合运用所学知识的能力。

④ 坚持下去就能发现自己的优势

与掌握知识和技能不同，整合运用需要的是其他方面的能力。虽然这些能力也能通过学习在一定程度上有所改善和提高，但不同的人对其掌握程度往往不同。

比如说，技术型的人往往在沟通交流和管理方面表现出的能力较弱，所以相对更适合从事偏技术类的工作。而如果一个人的技术能力并不强但颇有管理能力，那么他就相对更适合做管理方

面的工作。

理想状态当然是两者兼具，但多数情况下我们需要根据自身情形做出判断，发现自己的优势。通过“学习周期的 3 个阶段”来判断，可以比较容易地认清自己以及自己和他人之间的差距。

我们可以先坚持 3 天试试看，接下来是 3 个月，如果也坚持下来了，那么就在未来的 3 年里挑战是否能达到精通所学的知识和技能，朝更高的阶段迈进。

通过以上 3 个阶段的积累，就可以基本上掌握各种知识和技能了。至今，我仍在利用“学习周期的 3 个阶段”这个方法学习新的技能。

在学习的过程中，多次经历失败和成功是十分正常的。也许很多人会因为失败而一蹶不振，但俗话说，失败乃成功之母，对失败进行总结、反思并对我们的行为加以改善，有助于我们走向成功。

POINT

不管做什么事，先坚持 3 天试试看；坚持 3 个月，就能掌握一门技能的基础；坚持 3 年，就能实现从掌握基础到精通。

应用比学习更重要

相比学习本身，学以致用更有助于提高自身的能力。

① 越是反复尝试，越有可能获得成功

成功人士有时会谦虚地将自己的成功归结于运气好，但我认为，运气其实与概率有关。

无论是邂逅美好，还是天赐良机，都需要我们让自己置身于存在一定成功概率的处境中。

比如说，100 张彩票中有 1 张中奖金额为 10 万日元的彩票。如果只买 1 张，那么中奖概率就是 1%。要是有人只买 1 张就中了 10 万日元的大奖，那确实是运气太好了，但这十分罕见。

从概率的角度来看，如果我们每周都买 1 张彩票，那我们的中奖概率就会相对上升；而每天都买 1 张，中奖概率则更高。

彩票中大奖这件事，虽然不完全符合概率论，但现实中那些中奖人士往往“买了无数次彩票”才把好运攥在了手里。由此可见，越是反复尝试的人，越有可能获得成功。

实践也是一样。我们应当将所学知识不断地应用到实践中，通过不断试错，提高成功的可能，如果不将所学应用到实际中，那么学习的意义就难以显现。如果知识和技能的利用价值太低，那么学习的动力也会无限降低。

增加尝试的次数，中彩票的概率也会相应提高。学以致用也是一样的道理。

2 学习的最终目的是应用

在高效学习的过程中，我建议大家尽早将所学加以应用。条件允许的话，可以先学习能在实际工作和生活中用得上的知识和技能，最好是可以边学边应用的内容。

比如，如果我们想玩转视频媒体，最好的方法不是通过书本或者利用在线教育等方式完整地学习所需知识和技能之后再开始，而是尝试先上传一段视频，借此了解自己需要学习哪些相关的知识和技能，这才是最快且最有效的方法。

归根结底，实践比学习更重要，在实践中获得的知识和技能远比通过书本或学校学到的要实用得多。我们可以将学习视为实践的补充。

POINT

运气要靠自己去把握。只要不断将所学加以应用，就一定能实现目标。

通过列出“不安清单”消除压力

不安和压力会影响专注力，要想办法解决。

1 学习是与不安情绪作斗争

当我们确定好目标后，在一边应用一边努力学习的过程中，总会出现影响专注力的因素。既有电话、短信等来自外界的干扰，也有来自我们自身的心理性障碍。

心理性障碍，就是不安情绪。造成不安的问题越大，就越影响我们的专注力。每个人都可能产生不安情绪，每个人不安的程度和面对的问题大小也不一样。

但如果内心总是觉得不安，那么我们的多数时间都会被焦虑所占据，这些焦虑最终会转化为巨大的心理压力。

当我们集中精力去做某件事时，大脑会分泌去甲肾上腺素。去甲肾上腺素的正常分泌，有助于我们专注于所做的事情，能够帮助我们针对一个问题找到明确的答案，甚至给出多种解法。

如果我们感到极其不安、压力过大，去甲肾上腺素的分泌就会失控，从而使我们陷入恐慌状态，那么本来能简单轻松解决的问题也可能会变得棘手。

不安因素过多，会形成容易使我们产生过大压力的环境。

2 列出"不安清单"，即刻消除压力！

当不安情绪影响到我的正常思考时，我会将引起不安的因素都写下来，也就是列出一份"不安清单"。

"不安清单"与待办事项以及在后文中将要为大家介绍的单一任务备忘录不同。列出待办事项只是逐条记录要做的事，相关内容不具有归纳性，对于消除不安的作用不大。

消极因素会影响我们的专注力，而"不安清单"则是为了消除不安和压力而整理的消极因素的汇总。

心理学家蔡加尼克（Zeigarnik）曾指出一种现象，即相比已处理完成的事情，人们对尚未处理完的事情印象更加深刻，这一现象被称为“蔡加尼克效应”。

蔡加尼克效应被应用于很多商业场景中。例如，广告中经常会出现“后续敬请上网查阅”，或者重要的事情只说一半，让人非常想知道后面的内容，这些都是对该效应的有效利用。

如果我们一直为某件尚未完成的事情感到不安，大脑就会持续保持紧张直至这件事情完成为止。如此一来，我们也就无法集中精力去处理其他更加紧急的事情。

把未完成的事情写下来，可以在一定程度上缓解不安，帮助我们集中精力优先解决眼前的事情。

我们在“不安清单”中可以只简单罗列那些引起我们不安的因素，也可以详细写出“何时”“怎么做”等内容。清晰明确地列出清单内容，能更好地帮助我们消除不安。

假设我们接到一个任务，要求必须在星期五开会之前将资料整理好并提交给领导。这时，我们就可以尽可能具体地写出用何种方法整理资料，在何时进行完善汇总等。

上述方法有助于我们明确地安排工作进度，进而更有效地消除不安。

列出“不安清单”可以帮助人们消除不安和压力。尽量集中注意力，让去甲肾上腺素正常发挥作用是非常必要的。

3 不安和压力会阻碍大脑活动

多巴胺掌管我们的学习动力，去甲肾上腺素负责控制我们的注意力。这两种物质作用于大脑的前额皮质，为我们提供学习时不可缺少的动力和专注力。

压力会影响去甲肾上腺素的分泌，使其无法正常发挥作用。内心的不安以及工作与生活中客观存在的问题、障碍都会给我们带来压力。

消除这些日常所感所思中的压力，可以帮助我们有效地集中注意力。毫无疑问，列一个“不安清单”正是解决方法之一。找到各种缓解压力的方法，我们就能进一步提高学习的效率和质量。

4 将应对巨大的不安作为一项长期任务单独记录

人际关系和生活中的不安有时也会成为我们巨大的压力来源。这与工作中的不安不同，往往不易解决。

针对这种需要采取长期对策来解决的不安，我建议大家将其作为一项长期任务单独记录，与“不安清单”区分开来。

针对那些可以在短期内得到解决的不安情绪，“不安清单”是行之有效的。但是对于巨大的不安带来的压力，简易的“不安清单”就不再适用了。

针对巨大的不安，我们可以制定一个时间表，逐步解决问题。在后文中，我将为大家作详细说明。

简而言之，当我们面对多个任务时，不要笼统地将它们当成一个整体，而应该将这些任务分类，以便更好地理解这些任务。这个细化的过程非常重要。

另外，将需要完成的任务写下来，可以帮助我们增强记忆，再通过对任务进行分解，我们就能更加明确重点，逐步完成各项任务。

POINT

不安会变成压力，从而影响人们的专注力。有效利用“不安清单”，可以缓解不安，帮助我们更顺利地学习。

消极语言会削弱能力

消极语言会对人的潜意识产生负面影响。

1 负面思维会在不知不觉中产生不良影响

同消除不安情绪这个方法能促进我们顺利学习一样，还有一些方法也可以帮助我们思考。

比如，尽量避免使用消极语言就是一个很好的方法。

人在思考时，正面思维和负面思维是同时存在的。当我们把思维转化成语言表达出来后，语言会通过听觉传达给大脑，这个过程和用文字作记录一样，都会在我们的脑海中留下深刻的印象。

人有意识和潜意识。意识掌管理性、逻辑等思维，而感觉和情感等会作为记忆留存于潜意识中。

留存在潜意识中的语言，会对我们自身无法认知的领域产生强烈的深层作用，并在无意识状态下影响我们的行为。

也就是说，消极语言会对我们的潜意识产生负面影响，还会在不知不觉中波及我们的生活。

我在日常生活中，会尽量避免形成负面思维和使用消极语言。

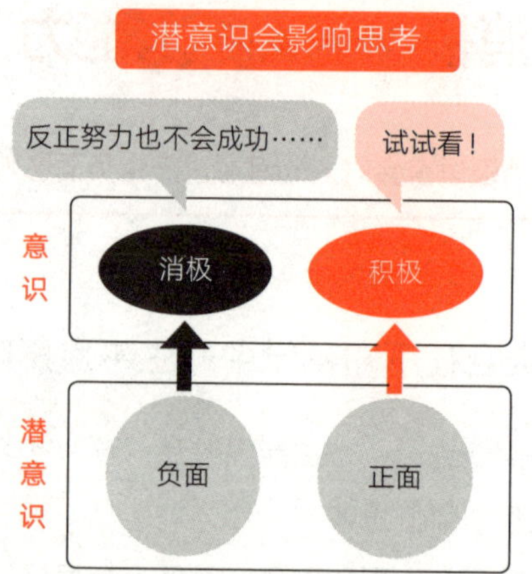

如果我们经常说“做不到”或者“不行”之类的话，就会在潜移默化中造成觉得自己“果然做不到”“反正也不行”的消极倾向，从而在各方面对我们的行为产生负面影响。

2 潜意识会对大脑 90% 以上的思考产生影响

潜意识的影响力远远超出了我们的想象。

据说，人类仅有 10% 的思考是自己可以觉察到的。也就是说，意识只对大脑约 10% 的思考产生影响，而潜意识对大脑 90% 以上的思考会产生影响。

我们不妨把“做不到”换成“换个方式试试看”或者“再试一次就能做到”之类的说法。把消极语言的使用控制在最低限度，尽量使用积极肯定的或者“我会改正完善”之类的建设性语言。

POINT

消极语言会让人在潜意识中自我否定。试着通过正面思维和积极的语言来提高学习效率吧。

设定假想竞争对手

没有目标？试试设定假想竞争对手。

1 明确想达成的目标

设定目标可以让我们集中精力，有效推进学习的进度。然而，设定目标本身并非易事。

“想提高工作能力”或者“想多赚点钱”之类模糊笼统的目标，很难让我们把精力集中到具体的事情上。

所以，在设定目标时，我们可以设定一个假想竞争对手。假想竞争对手就是最具体、最一目了然的目标。通过设想假想竞争对手拥有怎样的能力、赚了多少钱等细节，能更高效地将我们的目标具体化。

大多数游戏或影视剧中的主人公都有与之匹敌的“敌人”，通过与敌人反复交手，主人公的能力也能不断得到提升。在学习中，我们也可以套用这样的“经典桥段”。主人公是我们自己，而假想竞争对手已达成目标。

设定假想竞争对手时，我们需要注意以下三点：

◎ 选择符合目标的角色模型。

◎ 假想竞争对手已经达成了你要追求的目标。

◎ 假想竞争对手能有效激发你的动力，促使你不断努力。

假想竞争对手可以是上司或者与你同期进入公司的同事，也可以是憧憬的对象。只要这个假想竞争对手能促使我们增强动力，并且树立一个十分具体且可能达到的目标即可。但如果假想竞争对手高高在上无法触及，我们会很难明确应该做些什么，从而容易失去坚持的动力。

设定了假想竞争对手后，我们需要将自己尚不具备的知识和技能尽量具体地写下来。这个方法可以帮助我们始终保持上进心，逐一解决问题。

如果我们和假想竞争对手的差距过大，那么可以将弥补差距的目标分解、细化后再进行设定。这样也可以让我们在每次达成小目标时，通过大脑“奖励”的多巴胺获得幸福体验，保持学习动力。

如果单个目标设定得过大，不但会给我们带来压力，而且可能会影响我们坚持下去的动力。

与假想竞争对手进行比较，将差距作为目标并分解、细化。每一次的小小进步都是达成终极目标的基石。

② 模仿憧憬的对象，实现更高的目标

设定假想竞争对手还有一个作用，就是我们可以通过模仿憧憬的对象，做出正确的选择。

也许有人会觉得模仿并不是一件好事，但大多数知识和技能的学习都是从模仿开始的。

当我们面对选择犹豫不决时，不妨设想一下假想竞争对手遇到这种情况时会怎么做，或者试着像假想竞争对手那样去做。这样的模仿并非坏事。

现实中有很多通过模仿憧憬的对象而获得成功的范例。当然，我们不能完全复制或照抄他人的产品或内容，但学习成功者的方式方法或习得他们具备的知识、技能，是非常可取的做法。

模仿的意义在于，通过不断模仿假想竞争对手或者憧憬的对象的方式方法，最终超越他们。

如果我们能很好地完成根据假想竞争对手而设定的每个目标，就有可能赶超他们。

当既定的假想竞争对手已经不能激发我们的动力，失去了作为目标的意义时，我们就需要重新设定假想竞争对手，也就是新的目标。

通过大量的模仿，我们会成长为能自主面对各种问题的更好的自己。

3 在没有压力的状态下保持动力

因为我们设定的假想竞争对手并不是真正的竞争对手，所以并不会给我们造成太大的压力。

在职场中，也有根据竞争原则，通过将下属或竞争性企业设定为敌对关系来激发员工或团队积极性的做法，但这种做法并非都能发挥良性作用。

竞争失败会给个人造成巨大的压力，敌对关系也会破坏人与人之间的合作。所以，在当今的商业环境中，比起竞争，大家更倾向于通过合作来取得成功。

通过设定假想竞争对手，我们可以在不破坏合作的情况下利用竞争实现激励效果。就此而言，设定假想竞争对手是促使我们保持上进心的理想的目标设定方法。

在体育领域，竞争的存在也是促进运动员成长的重要因素。竞争对手之间的交流和切磋可以促进双方不断提高自身的能力，不被时代淘汰，始终处于领先地位。

竞争对手的存在，往往能驱使人们长期保持动力并不断提高水平，使自己的技艺更加精湛。可以说，找到合适的竞争对手并与之形成良性竞争关系，是促使我们长期保持上进心、努力工作和学习的最有效的方法之一。

POINT

设定假想竞争对手，应该尽量具体化。通过将目标分解、细化并逐一实现，来保持上进心和学习动力。

想象训练卓有成效

对大脑来说，想象训练和亲身实践同样具有效果。

1 通过想象训练也可能真正获得成功

当我们通过设定假想竞争对手明确了目标后，接下来要做的就是付诸实践。

想要提高技能，积累经验，不一定非要不断地亲身实践。

脑科学研究证明，想象训练和真实实践一样，可以在大脑中形成记忆。

美国医生麦克斯威尔·马尔茨（Maxwell Maltz）曾经通过一项体育实验证明了想象训练的有效性。

在投篮实验中，马尔茨博士将被试分为两个小组，其中一组进行 20 天投篮的想象训练，另一组则进行真正的投篮练习。20 天后，通过对比两组的投篮得分，他发现，两组的投篮成功率较 20 天之前都有所提高，而令人惊讶的是，两组的成功率几乎没有差别。

该实验结果证明，想象训练和真实训练同样具有效果。

也就是说，尽量具体地想象自己获得成功或者掌握知识技能的过程、方法等，这和亲身实践一样是有效果的。

② 通过“程序记忆”提高经验值

所谓程序记忆，是指通过反复练习获得的技能记忆。结合之前的说明，我们不难理解，想象训练是有助于形成程序记忆的。

我们通过反复练习学会骑自行车，经过反复练习学会游泳，诸如此类的技能掌握都得益于程序记忆。程序记忆一旦形成，通常不容易改变，而且可以长久地保持。学习也一样，如果我们对所学的知识或掌握的技能反复进行想象训练，就能形成长期记忆。

另外，程序记忆的存在也充分说明了前文中提到的避免使用消极语言的必要性。那些经常想象自己能达到目标或者工作、学习进展顺利的人，往往更容易获得成功。所以，我们不妨对日常定下的目标反复进行实现过程的想象训练。

POINT

想象训练和实际学习一样有用。始终保持对达成目标过程的想象，就能产生积极影响。

将目标、愿景和梦想用手写的方式记录下来

通过在手账上记录目标以及贴图等方式来保持动力。

1 把目标逐条记在手账上

当我们设定了假想竞争对手，明确了目标后，虽然需要做的事情变得更加具体，但人往往会因为各种原因而无法坚持。

平时工作太忙没有时间来提高技能，或者就算有空闲时间也用来休息和玩耍，而不是利用这段时间完成学习任务，这些都可能导致人们半途而废。根据既定目标，每天坚持执行，这看似简单，但如果没有强烈的主观能动性，其实是很难做到的。

为了避免上述情形的发生，我推荐大家利用记手账的方法来巩固和强化既定目标。方法很简单，即在手账第 1 页空白处，简明扼要地写下自己的目标、愿景和梦想。

比如，“我要实现月薪 100 万日元”“每周都要在网上发布 3 个视频”，或者“2025 年要和家人环游世界”等，无论是大的梦想还是小的目标，只要能够激励我们，都可以写下来。

这样一来，每次翻开手账，你就能看到自己的目标、愿景和梦想。这样做可以起到反复提示的作用，督促我们不忘目标，始终保持上进心。

在手账上写下目标

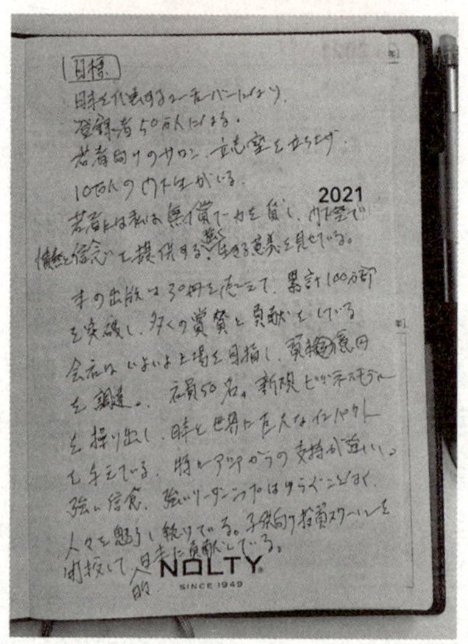

② 手写比打字更有利于记忆

也许有人会问，利用智能手机或者电脑的便签功能，通过打字来记录不行吗？脑科学研究的数据显示，手写比打字更令人印象深刻。

日本东北大学衰老医学研究所所长川岛隆太教授通过实验证明，手写记录的方式能激活大脑前额皮质，而用电脑打字记录的方式则无法产生相同效果。

前文中我曾提到前额皮质除了会影响我们的学习热情和专注力，它还与记忆和学习本身相关。

就日语来说，手写记录时，我们需要一边想象汉字、片假名和平假名[①]，一边写字，而使用电脑打字则会自动转换成对应的文字。

手写记录看似麻烦，却直接与大脑活动变化相关，因此更容易在大脑中留下记忆。也就是说，比较麻烦的方法反而能带来更好的学习效果。

虽然使用电脑进行记录更为方便，也更容易保存数据，但是如果我们想通过学习获得技能，或者想更好地记住定下的目标，那么选择手写的方式则更为有效。

学习时也尽量使用手写记笔记的方式，效果会更好。

3 把假想竞争对手的照片贴在手账上

为了加深对目标的记忆，还有一件事是一定要做的。那就是将我们设定的假想竞争对手的照片（或其他形式的图片）贴在手账上。在写下目标的同时，通过看假想竞争对手的照片这种视觉刺激，更能激发我们想要达成目标的欲望。

研究显示，相比通过文字信息获得认知，人类对图画或照片

① 现代日语的书写系统包括汉字、表音文字平假名、片假名，以及以拉丁字母书写的罗马文字。——译者注

的瞬间认知能力更强。

比如在广告宣传方面，广告公司之所以会通过图片来传递信息，正是因为相比文字信息，人们会优先识别视觉传递的直观信息。

我们的左脑负责识别文字进行逻辑分析，右脑则识别图画或照片并加以感性解读。人在进行逻辑思考时需要时间，但感性思维更像是一种直觉，接收并处理信息的速度往往优先于逻辑思考。

假设你出去吃饭，一家餐厅的外面张贴着很多看起来很好吃的菜品照片，而另一家只用文字写着“好吃的 ××”，那么你会选择去哪家餐厅用餐？我想大多数人都会选择有照片的那家餐厅吧。

可见，图片激发人的欲望的能力超乎想象。同样，当我们看到假想竞争对手的照片时，会因为对方的表情或者对方所体现出来的气质产生各种各样的联想。

面对假想竞争对手时，我们往往不仅抱有单纯的竞争意识，还可能有憧憬、不甘、共鸣、依赖等多种情绪和想法。所以，竞争意识会同时激发我们多方面的想法。

看竞争对手的照片，能激发我们“决不能输给他”的斗志，以及“要努力变成像他一样优秀的人”这样的上进心。

通过逐条写下目标以及每天看假想竞争对手的照片刺激大脑，在潜意识中留下对竞争对手的深刻印象，如此一来，我们就能产生更深层次的动力，更专注于达成目标。

企业也是通过制定经营理念和方针来维持并提高员工以及客户的积极性的，我们在学习上也可采用同样的方法。

如果你不想使用手账，可以选择在自己的书桌、办公桌周围或者房间内显眼的地方贴上便签。总之，不管选择哪种方法，确保每天都能看到目标，让它们能时常起到提示作用就可以。

POINT

在手账上逐条写下目标和梦想，贴上假想竞争对手的照片。每天看一看，以此激励自己保持动力。

上冈老师的学习小窍门

FIRE 运动能带给人真正的幸福吗？

有些人学习“学习法”，是为了将其用于投资理财，以求早日实现财务自由。君子爱财，学以致用，我认为这是好事。但是关于近年来热议的以提前退休为目的的 FIRE 运动，我却心存些许疑问。

FIRE 运动是指通过原始财富积累，靠投资理财的复利维持生活开销，以达到提前退休的目的。FIRE 是英语 Financial Independence, Retire Early 的简写，意为财务自由，提早退休。

皮特 · 阿德尼（Pete Adeney）是 FIRE 运动的发起者，他对 FIRE 运动的实践使这项运动一时成为热门并逐渐流行开来。

FIRE 运动的具体方法是，夫妻二人将节约下来的钱用于储蓄，在 30 岁时拥有价值 3 000 万日元的房子和 7 000 万日元的存款，提前退休，将投资复利的 4% 用于生活开销。

7 000 万日元存入银行的话，按年化收益率 4% 计算，年息是 280 万日元，平均到每个月大约是 23 万日元，这确实也足够普通人的正常生活开销。

这样看来，如果没有房贷，按照 FIRE 运动的做法，我们确实可以过得比较轻松、从容。FIRE 运动之所以出现，是源于经济不景气，以及“人的工作可能会被人工智能所取代”这样一种对未来的不安。

而我心中的疑问是，在 30 岁就能拥有 1 亿日元资产的人，可以说是相当成功的，这样的人应该比普通人更懂得如何赚钱，如何利用财富，他们真的有必要辞职吗？

在我看来，这类人原本就对所从事的工作非常自豪并且乐在其中。

所以，相比提前退休，从事自己感兴趣的工作才是最重要的。对未来的不安固然会存在，但只要你适当储蓄、理性消费，这种不安就能得到缓解甚至解决。

接受时代的变化并积极应对，享受工作，才是真正的安身立命之道！

第2章

能迅速提高效率的

IOK 高速循环学习法

本章将为大家介绍具体的学习和应用方法，帮助大家聚焦。其中包括阅读法、社交网站利用方法、焦点笔记的制作方法等与 IOK 高速循环学习法相关的内容。

从应用到改善的循环——IOK 高速循环学习法

通过反复循环 3 个步骤来唤醒大脑，提高学习效率。

① 仅靠每天按部就班的传统学习方法，是不可能成功的

无论是参加资格认证考试，还是开展副业，仅靠传统的学习方法，每天按部就班地学习就能获得好结果的时代早已过去。所谓学习，只有当出现待解决的问题时，才真正成为必要的事。

假设掌握所有知识点为 100 分，相比通过长时间的学习不断积累以求一举夺得满分，我们不妨先小试牛刀。也许我们最初只能达到 60 分，但在吸取周围人的意见和建议的基础上，发现自己的问题所在，进而对症下药，通过改善和进一步学习，就可以取得更好的成绩。

当然，如果学习内容储备不足而急于应用，也是会遭遇失败的。但是，与其因为犹豫不决而停滞不前，不如尝试从应用到改善的高速循环学习法，既能节省无效思考的时间，也能提高工作和学习的效率。哪怕最初只有 60 分，也可以通过改善和进步在短时间内快速提高。

在学习过程中，可以运用下图所示的方法，即 IOK 高速循环学习法。

IOK 高速循环示意图

问题·难点·错误 → 学习·改善 → 应用 → 问题·难点·错误

② 开启 IOK 高速循环，唤醒大脑

利用 IOK 高速循环，针对问题快速、反复地进行解决，通过有针对性的学习加速积累所需知识并应用。就算失败了，我们也可以及时根据目标调整，纠正错误，迅速改善方法。换句话说，在学习的过程中，最重要的两点就是提升专注力和反复进行 IOK 高速循环。

也许有人会说："道理我都懂，但如果我能做到你说的这些，就不会像现在这样辛苦了呀！"

大家不用担心。首先，你只要记住"提升专注力，反复进行 IOK 高速循环"这句话即可。接下来我将详细说明 IOK 高速循环方法，用这个方法进行学习，你也能唤醒大脑。

POINT

靠机械性学习就能获得成功的时代早已过去。"提升专注力和反复进行 IOK 高速循环"，科学的学习方法能让我们事半功倍。

停止缺乏目标的无效学习

停止无效学习，聚焦目标，学以致用。

1 改变学习意识

根据意大利经济学家维尔弗雷多・帕累托（Vifredo Pareto）发现的帕累托法则[①]，可以得出“80% 的产出来自仅仅 20% 的投入”这样的结论。

帕累托法则

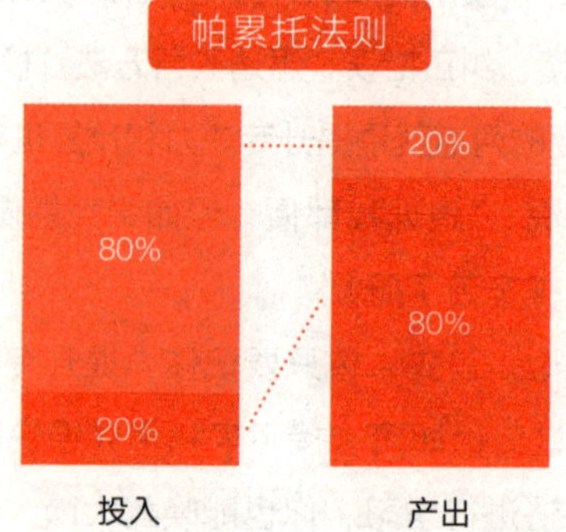

那些高效率者深谙这一法则，所以他们会将精力集中于那关键的 20% 的投入上，取得的成果却是普通人的 4 倍。

即使目前我们不能像高效率者一样工作，但通过掌握 IOK 高

① 亦称“二八定律”。——译者注

速循环学习法，我们也能提升专注力，提高学习效率，从而提高产出。

提高产出的前提在于明确学习目标。如果通往达成目标的道路是错的，无论我们如何集中注意力去做，一切努力都是徒劳的。

很多科研人员虽然从未在普通企业工作过，却时常强调投入的重要性。

投入的重要性不言而喻。问题是，为什么我们往往会觉得自己的无效投入（学习）太多了呢？

2 停止无效学习

所谓学习，只有当出现待解决的问题时，才真正成为必要的事。也就是说，我们要先尝试实践，在实践的过程中出现问题和不足时，才会认识到学习的必要性。毫无目的的学习，或者说失去目标的学习是毫无意义的。

在向目标前进的过程中，我们可以将其分解为多个小目标，为实现这些小目标，我们必须不断尝试应用所学的知识。

简而言之，如果我们通过不断应用已掌握的知识和技能就能实现既定目标，那么其实是没有必要学习新知识的。所以，利用IOK高速循环学习法进行快速循环时极其重要的一点就是，坚持“只做眼下必须要做的事情”。

POINT

高效率者会尽量缩小范围，有的放矢地选择要做的事情。所有决定要做的事情，都必须能切实地转化为成果。不做无效投入很重要。

利用高速阅读法进行高效学习

掌握有助于高效学习的阅读法。

1 看书又快又记得牢的高速阅读法

当我们因掌握的信息不足而使工作陷入僵局时，最常用的办法就是上网查找相关资料。

但是，网上的信息不都是正确的，也没有经过整理归纳，我们无从判断这些信息是否真的对我们有用，更何况如果没有一定的相关专业知识，有些知识是很难理解的。

遇到这种情况，学习的代名词“读书”就变得非常重要。

如果你正在考虑参加速读法的学习班或者讲座，那么不妨听我讲完再考虑。

所谓速读法，是以在短时间内阅读大量书籍为目的的方法。然而，即使阅读速度再快，如果只是走马观花，书中的内容全然没记住，这种阅读也是毫无意义的。从提高学习效率的角度而言，这样做其实是在走弯路。

我倡导的高速阅读法，是以能记住内容为前提而进行的大量阅读，并且将阅读所获得的知识在日常工作和生活中进行有效应用。

掌握高速阅读法，不但能通过大量阅读获得更多专业、准确的知识和信息，还能在节省时间的同时收获成果。

2 练习分别用 15 分钟、10 分钟、5 分钟读完一本书！

相关研究已经证明，从脑科学的角度来看，一直以来被认为有效的速读法实际上几乎很难帮助人们实现预期目标。

作为方法论，传统的速读法相当具有吸引力，但是否有效则另当别论。

我独创的高速阅读法是用 30 分钟读完一本书。

无论是阅读的目的，还是操作方法，高速阅读法与速读法都是截然不同的。

以下是高速阅读法的操作方法。

①一本书读 3 次（第一次 15 分钟，第二次 10 分钟，第三次 5 分钟）。
②使用秒表等计时器计时，在限定时间内阅读。
③在阅读的同时用蓝色的笔在书上做笔记。
④寻找并阅读与自己的目标或待解决问题相关的内容。

无论是工作还是学习，速度都很重要！阅读也要省时高效。

很多人可能会说：“第一次看 15 分钟，第二次看 10 分钟，第三次只看 5 分钟？我不可能看得这么快啊。”

希望大家明白，高速阅读法的目的是帮助我们在阅读的过程中跳过不相关的内容，寻找所需信息，所以大部分人都可以在规定时间内读完一本书。

3 使用计时器管理阅读时间

需要再次强调的是，我在本书中介绍的高速阅读法是指分 3 次共计 30 分钟的快速阅读。

为了在保证速度的基础上记住读过的内容，第一次用 15 分钟阅读，第二次用 10 分钟，第三次则缩短至 5 分钟。

这就是高速阅读法的操作方法①。

假设我们要读一本 200 页的书，目标是每页用时 5 秒，那么就能在目标时间 15 分钟之内读完 200 页。

为什么要把阅读次数分为 3 次呢？因为脑科学研究证明，相比一口气连续读完一本书，分散读书时间更容易让记忆留存在大脑里。

如果我们充分利用分散读书时间的方法，分别在不同场所进行这 3 次阅读，阅读效果则更佳。而以 15 分钟作为最长时间段，也是因为人的注意力能保持高度集中的极限就是 15 分钟。

在开始高速阅读之前，我们需要准备秒表之类的计时器。当然，也可以选择智能手机的应用程序。使用计时器是为了帮助我们更好地提升专注力，获得成就感和进行记录管理。

想要快速阅读一本书，专注力是非常重要的。专注阅读，可以激活我们的大脑，使其在阅读过程中发挥最大效果，将读到的内容高效地存储在记忆中。

高速阅读法所要求的专注力和一般速读法的要求不同，不需要进行特殊的类似冥想的专注力训练。

只要我们学会利用“火箭启动式高速阅读法”，就能提升专注力。这种阅读方法很简单，几乎人人都能学会。

我们需要做的就是把计时器设定为 15 分钟，在按下开始的同时，心无旁骛地迅速阅读。

一旦开始和结束的时间被强制限定，人就会格外专注。为了保证自己能在规定时间内完成阅读，注意力变得相当集中，并且很难被打断。

此外，对阅读时间进行管理，有助于我们通过阅读的过程获得成就感，也能激发下一次阅读的动力。

POINT

高速阅读法和速读法是两种完全不同的阅读方法。“阅读速度”和“记忆效果”两手抓的高速阅读法，可以帮助我们用30分钟读完一本书。

高速阅读法①——不要反复阅读同一部分的内容

通过确定什么是重要的，最大限度地提高大脑的记忆力。

1 跳过目录和后记

接下来，我将详细讲解如何在阅读中有效应用高速阅读法。第一次阅读时，我们以 15 分钟读完一本书为目标。

一般的速读法都会建议大家仔细阅读目录，然而在我看来，阅读目录其实是非常浪费时间的做法。

如果我们的阅读目的明确，是带着问题去阅读的，就没有必要整体浏览一遍目录。因为目录里的标题和副标题都会在正文里再次出现。

也即是说，我认为，如果我们带着如何实际应用书中相关内容的思考去选择书，并将应用要点记在笔记本上，其实是不必专门浏览目录的。

试图从作者编写的目录中寻找自己读这本书的目的，以及与自身相关的主题，属于被动阅读。如果你想要做到真正的主动阅读，应该首先列出读这本书的目的和有用的内容，然后根据自身的需求进行相关阅读。

后记也基本没有阅读的必要。虽然后记是作者的思考或观点的总结，我们偶尔也能从中找到与自身问题相关的答案，但这种情况毕竟不是很多。

通过上述筛选，在开始高速阅读之前，就已经有十几页被排除在阅读范围之外了。

② 跳过插图和表格

插图和表格大多是对正文的补充，部分内容都是从正文中摘录出来的，相当于对正文的总结。如果你已经阅读并充分理解了正文的内容，就可以考虑跳过插图和图表这一部分。

不同书籍的题材类型不同，在许多情况下，整本书约有1/3的内容是不需要阅读的。

由此，我们不难发现，在利用高速阅读法阅读时，最重要的一点就是首先判断哪些内容有阅读的必要。

阅读目的越明确，就越有利于我们去判断哪些内容是不必要的，从而减少通篇阅读的时间。

高速阅读法要求最大限度地使用大脑，因此对高速阅读来说，判断是否有阅读价值这个步骤至关重要，这也是为什么我们需要在阅读之前设定目标和期望。

③ 阅读结论部分

另一个技巧是重点阅读结论部分。

一般来说，只要不是小说或者日记式随笔，我们把握了作者想要表达的主张和由此产生的论点，就能大致理解这本书的内容。

如果带着“结论是什么”这样的疑问去阅读，就能顺利地将重要与不重要的部分区分开来。

通常情况下，作者想通过一本书表达的主张都会在结论处体现，那么我们就可以在结论中寻找符合自身阅读目标的内容了。而且，内容越精简，我们对其的记忆就越深刻。

另外，我们还可以通过折角标记自己认为重要的内容。你没有必要使用便签，因为便签可能会脱落，反而容易增加不必要的麻烦。许久之后，折角的数量就显示了这本书的“价值”，可以帮助我们快速地找到书中的重要内容。

重点阅读结论部分，就能大致理解书的内容！

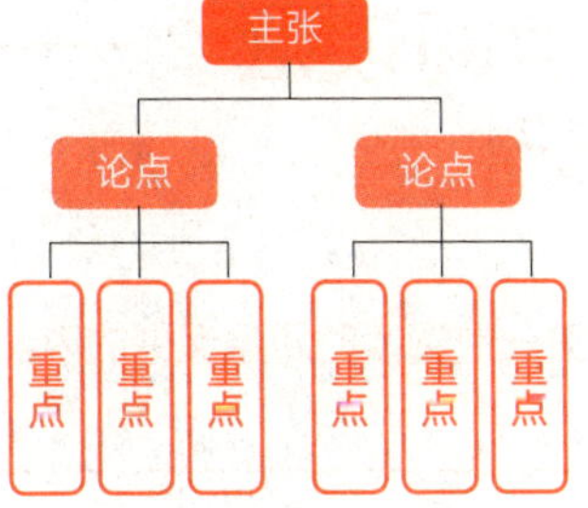

POINT

结合自身情况判断书中有价值的部分，精选内容进行阅读。阅读过程中可以合理利用“重点阅读结论部分”这个技巧。

高速阅读法②——用蓝笔做标记

针对第一次阅读时印象深刻的内容边读边做标记。

1 第二次阅读只读全书 70% 的内容

用 15 分钟完成第一次阅读后，接下来就是第二次阅读。两次阅读之间最好稍微间隔一段时间，如果条件允许，我们还可以更换阅读场所。这样做可以帮助大脑更好地记住阅读的内容。

第二次阅读需要在 10 分钟内完成。通过第一次阅读，我们已经对全书有了大致的印象，也用折角标记了重要内容，所以第二次阅读只需要重点阅读折角页及其前后页的内容，以及第一次阅读时没有理解的部分即可。根据我个人的经验，第二次需要阅读的内容通常只占全书的 70% 左右，所以大家不必担心时间不够用的问题。

第二次阅读的意义在于巩固理解书中的重要内容以及结论。

2 边读边用蓝笔做标记

在进行第二次阅读时，我推荐大家使用蓝笔标记阅读法。这是我根据脑科学的相关研究独创的方法，非常有利于加强记忆。

很多人在阅读时习惯保持书面整洁，这样做有一个缺点，就是很难记住书中的内容。对于大脑来说，如果阅读过程中能体会到类似“原来如此”这样茅塞顿开的感觉，就会更容易记住其中的内容。脑科学把这种现象称为情景记忆。

蓝笔标记阅读法充分利用了情景记忆的特点。在第二次阅读时，我们可以一边读，一边用蓝笔画出第一次阅读时印象深刻的重点内容，并在旁边根据自己的需求做标记，比如“这个可以用在企划书中”“这里的内容可以用在会议中”，等等。

那么，为什么要使用蓝色的笔而不是其他颜色的笔呢？因为蓝色能在一定程度上唤醒人们的思考，有助于人们提高分析能力，增强大脑记忆。

第二次阅读时的高速阅读法

POINT

用蓝笔画重点，并在旁边做标记，这种情景记忆更有利于增强大脑记忆。

06 高速阅读法③——应用阅读

将阅读的内容加以应用，就会使其成为长期记忆储存在大脑中。

1 只对可能改变人生的书进行第三次阅读

第三次阅读所需的时间是 5 分钟。根据我个人的经验，第三次需要阅读的内容仅占全书的 10% 左右。

并不是所有的书都需要进行第三次阅读。如果书的内容比较简单，或者我们通过第二次阅读已经基本记住了相关内容，就没有进行第三次阅读的必要。每 10 本书中大概只有 3 本需要进行第三次阅读。

一般来说，我会进行第三次阅读的书籍，其内容一定是对我的学习、工作有所助益的，或者是我想要传授给员工的。

这类书籍可以帮助我们实现学习目标或人生目标。对于可能改变人生的书籍，有必要通过第三次阅读来吸收其精髓。

2 参照应用笔记进行阅读

简单地说，应用笔记是为了把我们从书中获得的知识与自身情况更好地联系起来而做的记录。关于应用笔记的制作方法，我将在后文中详细说明。我们可将第三次阅读理解为“应用阅读”，即参照应用笔记，在阅读的同时思考如何将知识与自身情况相结合加以实际应用，并将思考内容用蓝笔标注在书上。

关于第三次阅读时做的标记，大家不必想得太复杂，只要写下诸如“可以用在下周的发布会上”或者“要把这里讲的内容告诉XX”之类的具体内容就可以。

经过了两次阅读，并且在阅读过程中我们会逐渐熟练掌握“阅读结论部分”等阅读方法，加上折角标记重点和蓝笔标记阅读法能帮助我们迅速地找到重点内容，所以第三次阅读只需要5分钟，对照应用笔记的总结进行重点阅读。

第三次阅读时的高速阅读法

POINT

根据自身情况制定三次阅读的模式。比如，根据需要，我们可以阅读有的章节两次，第三次则通读全书。不管采用什么模式，只要能巩固和增强大脑记忆，就都是可行的。

以应用为前提制作应用笔记

制作应用笔记，将执行方案与实际行动联系起来。

1 把从书中学到的知识内化为自己的能力

为了把通过高速阅读法学到的知识内化为自己的能力，我们需要制作应用笔记。可能有人会以为：“应用笔记应该和读书笔记差不多吧？”

实际上，无论是笔记的制作方法还是目的，两者都截然不同。读书笔记是把读后感尽情地写下来，不限篇幅和字数，对内容也没有具体要求；而应用笔记并不是关于一本书的读后感。

高速阅读法的目的始终是通过阅读学习知识，并将其内化为我们自己的能力。

所以，应用笔记需要记录的是关于如何将所学与实际情况联系起来的提示或建议，笔记内容必须简洁明了。

如果认为高速阅读只是为了迅速读完一本书，那么我们的初衷就错了，就算制作了应用笔记，也是收效甚微的。

我们需要自己创造应用机制将阅读所学与实际情况联系起来，强化大脑记忆并最终将所学有效应用于日常工作和生活中。应用笔记能帮助我们很好地建立起应用机制。

2 制作应用笔记的 4 个要点

制作应用笔记时，需要注意以下 4 点：

①写下阅读的目的。
②写下书名、阅读日期等。
③逐条记录书中的重点内容，每条不超过 20 个字。
④逐条列出执行方案或具体行动。

①写下阅读的目的

在阅读之前，我们一定要把阅读的目的通过文字记录下来，比如"想通过股票赚钱""想改善职场人际关系""想研究战国时代武将的战略"等，这样可以帮助我们更快地进行重点阅读。

②写下书名、阅读日期等

写下书名、阅读日期、阅读时间等，具体内容随意，但我建议大家最好写下阅读时间，这样一来，如果我们能在规定时间内完成阅读，就能获得成就感并激励自己进行下一次阅读。

③逐条记录书中的重点内容，每条不超过 20 个字

例如，"人的常识会随时代的变化而变化"或者"坚持并不一定会胜利"等对书中内容的总结。有几个重点就写几条，每条不超过 20 个字。

④逐条列出执行方案或具体行动

通过阅读总结出重点内容后，我们需要在应用笔记上写下如何将其与具体行动联系起来的执行方案。比如，“人的常识会随时代的变化而变化”所对应的具体行动，可以是“以非常规内容为重点，思考新的计划或方案”，或者了解到“坚持并不一定会胜利”后，就要在实际行动中“避免让下属进行无意义的坚持”，等等。

3 最重要的是执行方案

应用笔记中最重要的部分就是执行方案。

通过阅读总结出来的重点内容，对于我们自身来说，还是比较抽象的概念。因此，我们需要通过制定具体的执行方案，以将其应用于工作和学习中。

下面，我将通过应用笔记的范例来进行说明。

应用笔记范例

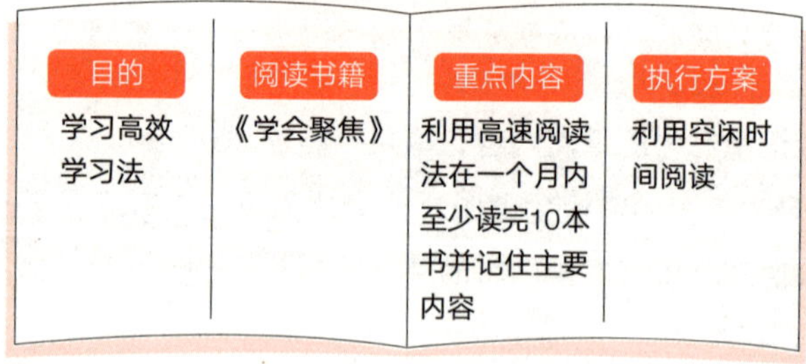

通过范例，大家可以看出，“执行方案”是写在笔记最右侧

的。这样做，是因为横向排列时右侧的内容最显眼，容易引起我们的注意。如此一来，每当我们翻开应用笔记，都会看到执行方案，久而久之，这些执行方案就会在我们的大脑中形成记忆。正是因为有了这种记忆，写在纸上的执行方案终将能转化为具体的行动。

通过制定执行方案，可以明确待办事项的优先级和进度，更有利于我们将所学知识应用于实践。

因此，制定了执行方案后，可以给待办事项的完成度打分并记录在应用笔记里。以 10 分为满分，根据紧急程度对待办事项进行评分。

待办事项的分数越高，说明其紧迫性和优先级也就越高。

很多在工作上难以取得成果的人，都是因为迟迟不能将所学应用于实际。不尝试将所学应用于实践中，就很难弄清我们还欠缺什么，应该把学习重点放在哪里。我们需要通过应用去发现问题，而这些问题正是我们需要通过学习以解决的。

在《过目不忘的高速阅读》一书中，我对阅读法进行了更详细的讲解，书中汇集了我自身的大量实践总结，大家也可以将其作为参考。

POINT

通过制定执行方案，可以明确待办事项的优先级和进度，更有利于我们将所学应用于实践。

利用社交网站发布所学知识

将社交网站作为讨论和交流的平台。

① 利用社交网站发布所学知识也是一种应用

到目前为止，相信大家通过对前文的学习，已经基本掌握了高效学习的方法。俗话说，实践出真知。通过学习掌握的知识始终是抽象的，即使我们在学习过程中做到了充分理解，也还是需要通过具体应用去检验学习效果。

很多人日常都在使用 Twitter、Facebook、Instagram 等社交网站，它们的使用方法简单，所以非常适合用来检验学习效果。

我们可以通过社交网站发布所学知识。在这个过程中，我们首先需要整理好所学内容，才能很好地将其传达给他人。这个整理的过程，也是巩固所学内容的过程。

他人的留言评论，可以促进我们加深理解所学内容。如果我们发布的内容能促进交流和讨论，那么这些内容应用的效果会更好。

通过一次简单的内容发布，我们不但可以将所学应用于实践，还能达到复习巩固的效果，可谓一举多得。

可以创建一个专用账号发布与学习相关的内容。

② 社交网站还可用于收集信息和获得副业收入

利用社交网站发布所学知识时，我们要注重发布内容的质量。有价值的内容和对所学知识的深入思考更容易吸引他人的关注，从而引发对相关问题的进一步讨论和交流。

因为社交网站的受众广泛，我们发布的学习内容很有可能会吸引相关专业人士的关注，他们可能会给予我们实际应用这些内容时的真实反馈。

通过发布高质量的内容，我们有机会提高知名度，吸引更多的粉丝，顺利的话甚至能将其变为副业进而增加收入。在应用所学知识的同时获得意外收获，可谓省时高效，一箭双雕。

有效利用社交网站强化学习效果

POINT

利用社交网站发布所学知识也是一种应用。我们可以通过他人的评论来获得新的信息。

善用学习金字塔

将所学知识教授给他人，最有利于记忆。

1 将所学知识教授给他人，学习内容留存率最高

美国国家训练实验室（NTL）针对如何更好地记忆学习内容进行了相关研究，学习金字塔定律就是基于该研究结果得出的关于学习方法的理论。

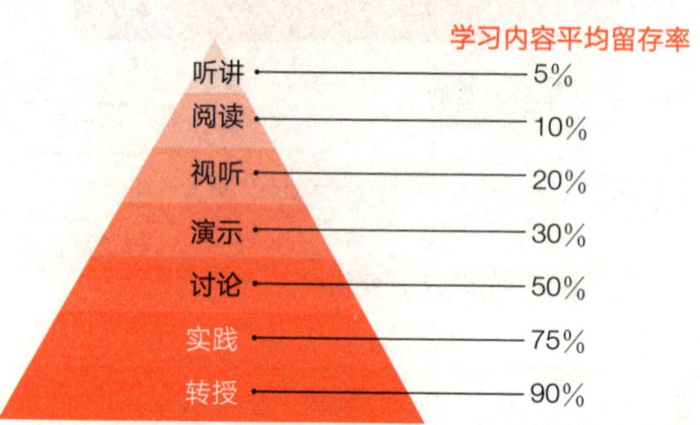

虽然关于学习金字塔定律尚存在争议，但我认为，该理论有一定的道理。

我们通过高速阅读能提高学习内容留存率，听讲时认真做笔记也能在一定程度上提高学习内容留存率，但是大家不妨结合自

身的实际情况回想一下，漫无目的地听讲和一边讨论一边学习，哪种方法更让人记忆深刻？

从学习金字塔中不难看出，我们必须尽可能地将所学知识加以应用，才能更有效地记住所学的内容。

和听讲、阅读、视听、演示相比，学习内容平均留存率较高的讨论、实践、转授这三项都和我之前介绍过的应用直接相关。

和他人讨论、将所学知识教授给他人都属于主动应用，在这个过程中，我们需要对所学内容进行回顾、整理并融入自己的思考，所以，讨论、实践和转授也是进一步增强记忆的过程。

利用社交网站发布所学知识，其实就是同时进行转授和讨论。比如我在媒体上发布视频后，会查看全部留言并回复。这样做可能获得更多的关注、吸引更多粉丝，不过我更看重的是通过回复，我可以强化应用效果，更好地记忆所学内容。

POINT

讨论、实践、转授这 3 种应用方法是加深学习记忆的最佳方式。利用学习金字塔，我们可以有效提高学习内容留存率。

发现错误要立即改正

面对发现的错误行为，立即改正。

1 成功的秘诀在于不断改正错误

在利用 IOK 高速循环法学习时，我们要记住，失败并不可怕，把所学知识加以应用是最重要的。

但是，我们也不能忽视应用过程中出现的失败，因此必须针对错误进行改正，否则我们所做的就是无效应用。只有在快速应用的同时针对出现的错误立即改正，才能收获成功。

我一直要求自己的员工一旦发现错误就立即改正，不要因为惧怕失败而回避错误，因为比起失败，发现错误却不加以改正才是大问题。

人能否获得自我成长，并不完全在于学了多少，更大程度上取决于能否立即改正以及改正错误的效果。

如果我们对所学的内容理解错误，那么只会越学越错。同样，在工作中，如果我们对业务重点的判断是错误的，那么我们的学习也将失去针对性，变得毫无意义。

发现错误立即改正才是最佳做法。

2 养成即刻就做的习惯，就能精进自我

我们的大脑会本能地抗拒改变，更倾向于保持现状，维持稳定状态。结合自身情况我们就会发现，我们总是习惯按照既往模式去行动，想要改掉坏习惯、养成新的好习惯往往比较困难。

所以，我们需要把精进自我这一行为变成一种习惯，就像条件反射一样，让大脑在潜移默化中接受改变。如此一来，但凡在应用中出现问题，我们就能自发性地进行解决。

如何才能养成精进自我的习惯呢？方法很简单，就是把即刻就做变成一种常态。当我们养成了即刻就做的习惯，改善也就不再是难事了。而当精进自我变成了理所当然的事情，我们就能有令人耳目一新的改变。

想一蹴而就地改变自我，从来都不是容易的事，但我们可以循序渐进地做出改变。如果遇到问题我们就能立即解决，久而久之，周围人的评价也会相应发生变化，从而使我们增强自信，形成良性循环。

养成立即解决问题的习惯

POINT

失败并不可怕，针对问题加以解决即可。只要养成即刻就做的习惯，就能循序渐进地精进自我。

不要惧怕失败

不要惧怕失败，坚持实践很重要。

① 反复实践比模拟练习更重要

IOK 高速循环学习法与通常的学习流程不同，它建立在快速应用的基础上。

以工作为例，初次接触一项工作时，一般会有上司或同事给我们讲解相关工作要领，然后帮助我们一段时间，等我们基本上手之后才会让我们独立去完成工作。也就是说，工作有一个先练习再实践的过程。

我认为，工作中其实可以省略练习的过程，因为实践才是最重要的。千万不要惧怕失败，只要在实践的过程中针对出现的问题不断加以解决，我们就能获得成功。

如果我们追求事事都做到完美，反而可能会因为多次失败而气馁，从而惧怕实践并停滞不前。

凡事都要求尽善尽美的人，通常心理承受能力较差。我们要允许自己犯错，允许瑕疵的存在。当然，不要忘记立即改正错误。

学习过程中难免会有失败和挫折，不要为了追求完美而放弃实践的机会。

② 相比避免犯错，改正错误的能力更重要

身处信息社会，我们往往很难从泛滥的信息中搜索出正确答案。面对当今快速变化的生活方式，以往的许多方法论已不再适用，意想不到的事情随时都会发生，就连在社交网站上我们也会看到很多恶意评论，消极性互动已屡见不鲜。

想要更好地适应复杂的社会环境，我们需要的不是完美主义，而是顽强的精神和不断进取的能力。从这个角度来说，有效运用 IOK 高速循环学习法是非常重要的。

相比避免犯错的能力，我们更需要具备的是出现错误时能立即改正的能力。当我们面对未知，如果不允许失败的存在，就会因为害怕失败而不去尝试，永远只能原地踏步。“加以改善”听起来是因为存在问题需要从头再来，但其实更是一种激励，只要再做一次就能做得更好。

所以，IOK 高速循环学习法能使我们的心态更加积极。面对当今社会的诸多压力，IOK 高速循环学习法能在一定程度上帮助我们减轻失败带来的心理压力。

POINT

害怕失败，永远只能原地踏步。发现问题，立即解决，不断应用，才能稳步前进。

单一任务更有利于聚焦

学习效果不理想，往往是多任务并行造成的。

1 人的大脑不能同时专注做两件事

大家有没有这种感觉，就是在家学习的效率总会大打折扣。为什么在家学习会效果不佳呢？其实，主要原因是缺乏专注力，所以学不进去。

影响专注力的因素有很多，主要因素之一就是我们自己的思维涣散，不够聚焦，也就是通常所说的分心。

学习时，我们很容易出现分心的情况，一边惦记着今天的学习内容，一边想着还有一本书必须要看，再思考一下到底什么时候看，甚至第二天有什么计划安排……诸如此类的思绪满天飞，相信大家都经历过吧。

分心是学习的大敌，它会分散我们的注意力，使我们无法聚焦。

近年来，同时处理多件事情的“多任务并行”能力越来越受到推崇。

斯坦福大学的神经学家埃亚尔·奥菲尔（Egal Ophir）博士则指出：“人的大脑天生不适合同时处理多项任务。有的人看似同时在做多件事情，其实他只是在进行快速切换，从一件事情快速切换到了另一件事情上。”大脑是单线程的，必须先处理完一个任务，才能进行下一个任务。当切换的速度足够快时，看起来就像是同时进行一样。

大脑不能同时集中精力做多件事情，频繁地切换任务，不但会导致学习效率低下，更会影响学习效果。

所以，影响学习效果的原因之一，很有可能是我们同时进行了多项任务。

如果在学习时想到了其他事情，可以先写下来，等到学习结束后再去确认。

② 单一任务学习原则

学习时，导致注意力分散的另一个重要因素就是来自外界的刺激。

专注学习时，如果有人跟我们说话，或者外面的声音过于嘈杂，都会造成我们的大脑被动切换任务，从而突然从学习状态转换到关注另一件事情上，这样不但会削弱大脑的认知能力，还会对大脑造成损害。

为了集中注意力学习，我们可以尝试以下方法：

◎桌上只放与当下学习相关的书籍和笔记本。
◎将手机调至静音模式，不理会邮件或社交软件的推送。

POINT

多任务并行会导致学习效率低下。营造让我们能够集中注意力学习的环境，周围尽可能不放手机等容易让人分心的物品。

不要过度使用工作记忆

工作记忆的容量有限，要合理利用。

1 不要浪费工作记忆

在学习或进行应用时，为了专注做一件事，我们必须尽量将对于工作记忆的使用控制在最低限度。

工作记忆是由大脑的前额皮质来处理形成的，前额皮质主要掌管工作和学习所必需的思考力和专注力，是大脑中临时处理加工信息的区域。

工作记忆就像游戏中的生命值一样是有限的。所以，如果我们同时处理多项任务，就会过度消耗我们的工作记忆，从而顾此失彼，无法再集中注意力。

就像我们在餐厅点菜，如果没有提前想好吃什么，就会在叫来服务员时依然犹豫不决。同样，我们面临的选择越多，就越难行动起来。仅仅是做出选择这一步，就会消耗我们的工作记忆。

所以，为了避免过度消耗工作记忆，我们需要删减阻碍行动的非必要选项。

2 将选项控制在 3 个以内

如果是为了创业或者开展副业而进行学习，要注意将方案选项控制在 3 个以内。

认为准备工作很重要的人，大多会在付诸实践之前进行充分的学习并制定各种计划方案，然后针对多套方案分别存在或可能发生的问题进行全面分析，最后从中选出最佳方案。

然而，从脑科学的角度来看，这种做法其实是糟糕的。选项越多，我们消耗的工作记忆就越多，其结果就是思维混乱而导致我们无法行动，或者东一榔头，西一棒槌，找不到应该关注的重点。

遇到必须制定方案才能推进的事情时，我们应该将选项控制在 3 个以内。

有人可能会问，为什么不多不少刚好是 3 个选项呢？因为，我们只需分别根据直觉思维、逻辑思维以及另辟蹊径的考虑准备 3 个选项，就大概率能从中找到正确答案。如果在实践中发现其一错误或者不可行，我们还能迅速改正错误或者尝试剩余的方案。

大脑的工作记忆示意图

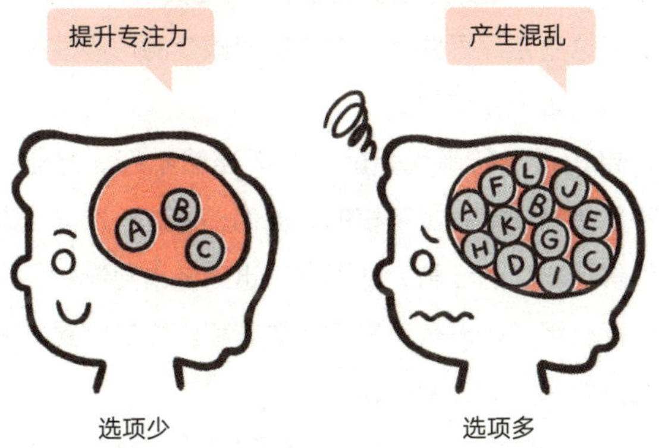

制订学习计划时，不要试图从大量的选项中选择最优方案，准备 3 个选项就足够了。

3 不要过度准备，有时也可以靠直觉随机应变

不进行应用、不反复体验失败和成功，很难培养出直觉思维能力，因为直觉靠的是以往的成功和失败的经验积累，建立在经验的基础之上。所以，应用 IOK 高速循环学习法时，我们就可以通过反复应用，迅速积累经验，锻炼出敏锐的直觉思维能力。

我们在大脑的“数据库”中寻找问题的正确答案，我们的思路越多，得到正确答案的次数越多，再出现类似的或者相关的问题时，我们就越能正确地利用直觉进行判断。

以国际象棋为例，有数据表明，专业选手在下棋时，花 5 秒想出的棋步和花 30 分钟想出的棋步有 86% 其实是完全相同的。也就是说，无论是否深思熟虑，其实结果改变的可能性很小，这种现象被称为“第一步棋理论”。

那么，单凭直觉行事就足够了吗？当然不行。专业的国际象棋选手不是单纯依靠直觉下棋的，他们是通过一次又一次的失败和成功积累了丰富的经验，从而可以迅速做出判断。

是否进行应用，有没有积累多次失败和成功的经验，是造成能否凭借直觉做决定的关键性差异所在。

哪怕我们积累的经验不够丰富，在初期阶段还不能得到正确答案，但只要不断地进行应用，就能逐渐积累经验、丰富大脑数据库，从而获得敏锐的直觉。所以我总是反复强调，不要惧怕失败，失败也是宝贵的经验。

通过反复的历练，我们就能在应用的过程中运用直觉找到通往正确答案的捷径。

可见，重要的不是制定完美的方案，而是不断地进行应用。即便失败了，我们也能通过积累经验和吸取教训，获得双倍的进步。

所以，在学习的过程中，我们要多利用复述、记录、转授等方式进行应用，尽快积累更多的经验。

POINT

3 个选项就足够了。付诸行动，积累经验才能培养出敏锐的直觉，获得通往正确答案的捷径。

学习应张弛有度

聚焦于一件事，提高专注力进行高效学习。

① 提高专注力

高效学习法和其他学习法最大的不同，就是强调学习时的专注力。专注力是聚焦的能力。

通常，我们在学习时会被要求注重平衡，逐步整体推进。也就是说，一般的学习法是以多任务并行为前提展开的，而我向大家推荐的高效学习法则是强调在执行单一任务的基础上不断积累应用经验的学习方法。

整体推进的方法并不适用于我所提倡的高速应用。聚焦于一件事并快速加以应用，可以使我们在短时间内提高效率，获得与既定目标相关的知识和技能。

专注力不仅限于学习，它还可以在多种情境下发挥作用。

无论是学习还是工作，尽可能地聚焦是非常重要的。为此，我们需要在确定大目标后，将其细化为多个小目标，集中精力逐一击破。如前所述，明确目标还可以促进多巴胺分泌，激发我们学习的动力。

专注做好一件事是非常重要的。我们要明确专注力的方向，从而形成聚焦行动的良性循环。

② 学习应张弛有度

脑科学研究证明，我们无法保持专注很长时间，所以我们要做到在短时间内最大限度地集中注意力。一般来说，我们保持专注的最长时间不超过 90 分钟，因此需要根据自身情形张弛有度地学习，适当地休息和放松。

机械地强迫自己长时间集中注意力是毫无意义的做法。就像兔子跳一样，日本曾经流行通过兔子跳来锻炼身体，但医学研究已经证明，兔子跳不但没有效果，反而会造成韧带和膝关节的损伤。

专注学习一会儿，再休息一会儿，张弛有度地学习才是真正高效的好方法。

上学时，一节课一般 45 分钟，之后会休息 10 分钟，也是同样的道理。

另外，设定时限也有利于提高专注力，因为我们会为了遵守时间限制而高度集中注意力。同时，设定时间等于设定了一个小目标，当我们在规定时间内完成任务时，大脑就会分泌多巴胺，我们就会拥有成功的体验。

学习时专心学习，工作时专注工作，休息时充分放松，任何时候我们都应该聚焦于眼前的事情，不要三心二意，顾此失彼。我们只有聚焦，才能深入且高效地收获更多。

POINT

张弛有度地学习，在短时间内高度集中注意力，能刺激多巴胺分泌。聚焦于眼前的事，才是最高效的学习方法。

改善宝典——超集中焦点笔记

使用超集中焦点笔记，事半功倍。

1 制作超集中焦点笔记

在坚持了一段时间的IOK高速循环之后，大家可能会发现，我们的进步速度明显变慢了，似乎看不到任何学习成果，这就是学习过程中的停滞期。

当我们从事难度较大或者很难出成果的工作时，一旦陷入停滞期，难免会产生自我怀疑，对眼前的学习和应用方法感到不安。其实，停滞期的出现正是进入突破阶段的前兆。

超集中焦点笔记可以帮助我们更快地度过停滞期，并在一定程度上缓解我们的不安情绪。

所有工作都是在不断学习和应用的过程中得到推进的。为了更好地集中精力进行IOK高速循环，我们需要制作超集中焦点笔记。

超集中焦点笔记的制作要点如下：

①写下目标

以“3天内能否完成”为衡量标准制定目标。记得标明截止日期。

②在便签上写下需要应用的内容

在便签上写下为了达成目标所需的应用计划，并将便签贴在笔记本上。

③写下学习和改善的内容

逐条记录已经学习的内容和做出的改善。

④记录结果

3 天后，如果按计划完成了相关应用，就在相应内容后面画“○”，尚在进行中、有待继续完成的内容可用“△”标注。

超集中焦点笔记是达成目标的辅助工具，我们可以另外用专门的笔记本记录，将其与管理日常任务和日程的手账区别开来（超集中焦点笔记的范例请参照后文）。

在制作超集中焦点笔记之前，请注意左右两页各有用途。我们在左手页的开头，需要写下一周内想要达成的目标，然后在便签上写下为了达成该目标需进行的实际行动，只要是想到的都可以写下来，然后贴在左手页的空白处。

为什么要写在便签上而不是直接写在笔记本上呢？是因为如果 3 天后某项应用计划没有完成，我们可以直接将便签撕下来用于下一个 3 天的周期。同时，这样做也方便我们一目了然地掌握还有哪些待办事项。

② 成果取决于改善的程度

我们需要把右手页分成左右两个区域来使用。

在右手页的左侧，我们需要简洁地记录为了实现左手页便签上的应用计划，学习了哪些知识以及做出了怎样的改善。

右手页的右侧是结果确认栏。根据学习和改善的结果，如果完成了应用计划，就在相应内容后面画“○”；如果有待继续改善，就用“△”标注。顺便提醒大家，对于没有完成的内容不要用“×”标注，因为在下一个3天的周期里，我们会继续跟进直至应用计划完成。

另外，大家容易忽略的是，我们同样需要重新审视改善的方法。在超集中焦点笔记上记录改善的方法，是帮助我们成功将所学知识加以应用的有效方式，持续改善能显著提高学习和工作效率。

一个人能否成功或者取得成果，是由改善的程度所决定的。有效利用超集中焦点笔记，在改善的基础上记录不断完善的方法，最终就能找到适合我们自身的最佳改善方法。

3天后，如果目标尚未完成，就在下一个3天内继续针对该目标进行方法改善和应用。如果成功实现了既定目标，就可以制定更高的新目标。

③ 制作超集中焦点笔记的目的

超集中焦点笔记是帮助我们聚焦于目标的辅助工具。如果能有效利用它，它就能成为我们通过 IOK 高速循环学习法进行学习的强大利器。

如果你觉得最近的学习总是没有成效，不妨试试制作超集中焦点笔记，也许会有意想不到的收获。

在制作超集中焦点笔记的过程中，我们会根据终极目标来制定每周的短期小目标。

结合之前提到的“将学习游戏化”，如果我们将写在笔记本第一页的终极目标视为“最大的敌人”，那么每 3 天的细化目标就是我们通关路上的“小敌人”。

超集中焦点笔记记录了我们的学习内容、欠缺的能力、需要改善的地方，可以说是为我们自己量身定做的“改善宝典”。

其实，制作笔记这种行为本身就能提升专注力。在制作超集中焦点笔记的过程中，我们会针对自己所做的事情记录相应的结果。也就是说，在每次学习和改善之后，我们都会迅速地掌握相关应用的效果。不断地重复这一过程，大脑就会把注意力聚焦在我们所做的事情上。

另外，因为我们需要记录对改正错误本身进行的完善，这又会促使我们不自觉地、见缝插针地在日常的学习和工作中进行更多的应用尝试，相当于将记忆的目标刻进了大脑里，调动潜意识去学习。

在实现目标的过程中持续改善并将相关内容记录下来，可以帮助我们找到适合自己的有效的方法，提高改善的效率。

POINT

超集中焦点笔记是快速度过学习停滞期的王牌，也是提升专注力，促使我们达成目标的利器。

超集中焦点笔记的 3 个要点

如何有效利用超集中焦点笔记？

1 从理想或终极目标进行倒推

要使超集中焦点笔记成为我们的法宝，需要把握以下 3 个要点：

①明确设定 3 天后的目标。
②停止无效学习。
③评估结果，为下一个 3 天做准备。

【要点①】明确设定 3 天后的目标

在制作超集中焦点笔记时，我们需要明确设定 3 天后的目标。

以工作为例，在设定目标时，我们必须弄清楚自己的终极目标是什么，即为什么要做这项工作。

首先，我们要确定工作上的理想或终极目标，然后将其写在手账或笔记本上。然后，要设定一个假想竞争对手，哪怕“想要超越他”会被人嘲笑为痴人说梦。最后，根据设定好的理想或终极目标进行倒推，制定阶段性目标。比如说，如果 3 年后我们要达到和假想竞争对手同样的水平，那么 3 个月的时候，我们大概应该学习到什么程度，应用将取得怎样的成果，等等。

经过上面的流程，3 天后的目标变得显而易见，我们也就能针对理想或终极目标合理制定每个小目标了。

如果无法确定自己的理想或终极目标，千万不要放弃，可以尝试通过憧憬的对象去明确理想或终极目标。

2 以应用为标准进行取舍

【要点②】停止无效学习

我们需要根据每天的学习和应用情况，不断更新超集中焦点笔记。一旦发现某项应用是非常必要的，就马上在便签上记录下来。

通过谈话或会议等方式获得的对应用有所帮助的知识和信息，我们要在忘记之前将之写进学习那一栏里。请注意，只要写下有助于实际操作的信息或可以帮助我们直接解决问题的技巧即可。

人是善于遗忘的生物。因为大脑为了避免能量消耗，提高生存几率，会主动提升应用记忆功能的效率，保留一定的记忆存储空间，逐步删除长期不用的记忆或短期内刚接收到的信息。

所以，和目前需要集中精力完成的任务无关的内容，都不需要记在笔记中。我们只要专注于笔记中记录的内容即可。

另外，我想提醒大家的是，不要为了记笔记而记笔记。

把所有的知识点和收集到的相关信息都记在笔记本上以方便学习，这种主动学习的精神是值得赞许的，但是，如果这些知识点或者信息对达成目标起不到任何作用，那么我们所做的一切就是无用功。

如果我们过分专注于记笔记本身，就会被信息的洪流吞噬，无法辨别哪些信息对我们来说是真正重要有效的。如果我们花了很多精力记笔记，却无法将学习和应用挂钩，最后将是竹篮打水一场空，岂不是白白浪费时间？

如果你想尽快看到学习的效果，在记笔记时就要注意只选择与应用直接相关的内容。

3 把学习和应用挂钩

【要点③】评估结果，为下一个 3 天做准备

进行了有效学习后，我们应该尽快对所学内容加以应用。

根据工作环境和工作内容，我们可以选择一天进行应用，在第二天进行改善，以便下一次更好、更高效地进行应用。

下面我将通过自己的亲身实践进行具体说明。

当我到达公司后，会确认记录在超集中焦点笔记第 1 页上的终极目标，这样做是为了向大脑反复灌输进行 IOK 高速循环的目的。

接下来，我会根据优先级从超集中焦点笔记的应用任务中选出优先级更高的内容，然后进行应用。

在应用的过程中，如果学到了新的知识或者收集到了有用的信息，就写在笔记本上。然后利用通勤时间等碎片时间复盘超集中焦点笔记，看看有没有能加以改善的地方。如果需要改善，就将其作为新的应用内容写在便签上，并整理待办任务。

3天后评估结果，按照之前讲过的方法在结果栏中标记“○”或“△”。根据评估结果，我们可以继续制定下一个3天的应用任务。如果结果栏中“○”占多数，成就感就会激励我们再接再厉；如果“△”较多，也能激发我们下次要做得更好的斗志。

POINT

首先，参照我提供的方法进行尝试。尝试的过程中，如果发现这样做效果更好，那么就按照这个做法实施并不断加以改善。

超集中焦点笔记的制作方法

超集中焦点笔记是帮助我们通过设置和完成小目标来达成终极目标的辅助工具。通过把握现状，我们能够明确接下来需要采取的改善措施，更加聚焦，以最高效的方法直达目标。

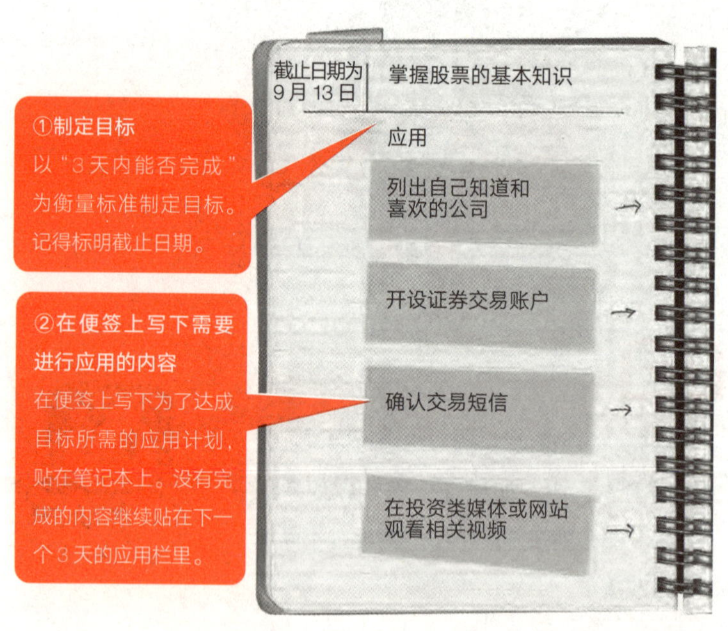

POINT

- 通过记录提高对目标任务的专注，避免因为其他杂事而消耗有限的工作记忆。
- 应用内容、学习内容、需改善的事项都应一目了然。明确了今后要处理的任务，工作效率会得到提高。
- 将成功体验可视化，可以促进多巴胺分泌，从而激发我们实现目标的动力，促使我们保持工作的热情并坚持下去。

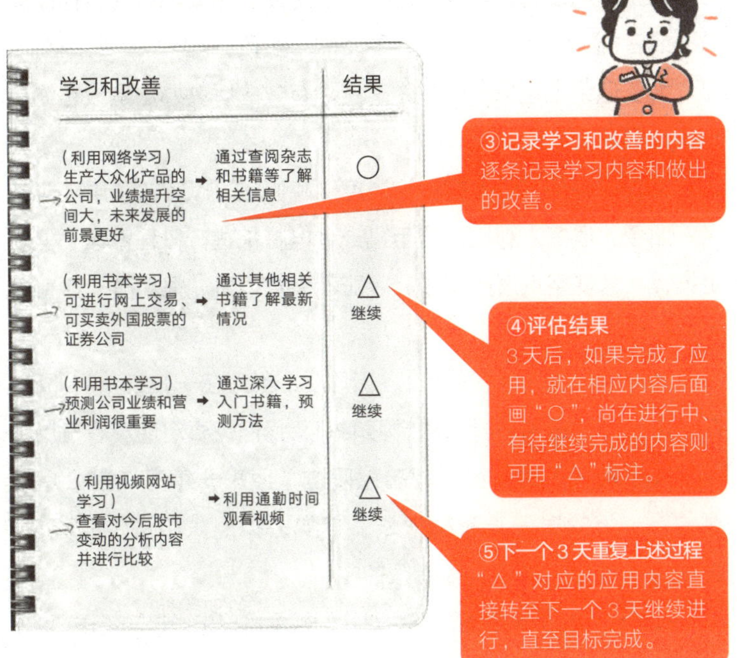

使用手账进行日程管理

有效利用手账里的日历，从截止日期开始倒推，规划日程。

① 确定可利用的工作天数

利用 IOK 高速循环学习法时，我们会全身心投入眼前所做的事情上，所以有时可能会忘记自己是为了达成怎样的目标而努力，或者搞不清目前到底进行到了哪个阶段。

为了避免上述情形的发生，行之有效的解决办法是设定终极目标和假想竞争对手。

另外，为了方便掌控目标进度，我们还可以有效利用手账。

如今，很多人都用智能手机或者电脑来进行日程管理，但我更推荐大家使用纸质的手账，手账不需要很贵、很精美，最普通的那种就可以。

大部分手账都带有日历，一年 12 个月写在一张纸上的那种。在利用 IOK 高速循环学习法学习期间，我们需要定期查看日历。

大家看日历时，可能都曾感叹过“原来一年竟然这么短”。是的，一年的时间听起来很长，其实去掉周末和法定节假日，真正可利用的工作日是很有限的。

按工作日计算天数的习惯，对我们规划日程来说是非常重要的。

2 从截止日期开始倒推，规划日程

我们可以在日历的相应月份栏里写下截至这个月目标要执行到什么程度，完成哪些中期目标之类的内容。这样一来，我们就能很直观地看到这一年里我们将会有怎样的成长。

此外，纵观全年日历，通过倒推的方法，我们还可以很容易地给当下正在做的事情确定一个截止日期。

想要领先他人一步甚至两步获得成长，我们不但要关注公司的年度安排，而且要结合自身情况制定自己的年度日程安排。

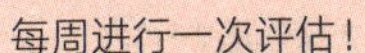

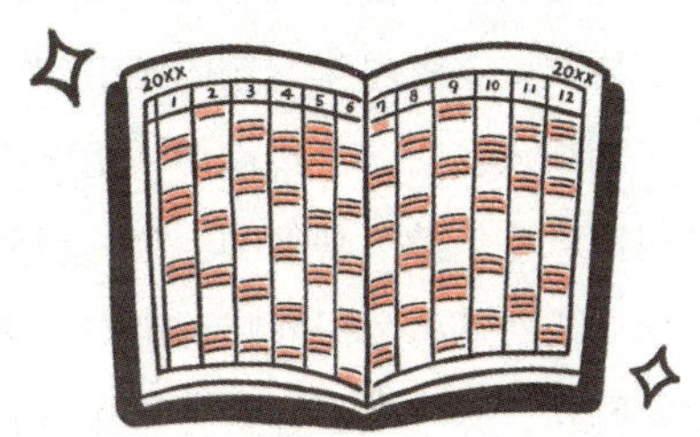

POINT

人生远比你想象的要短暂得多。好好把握能够自由支配的时间，根据目标倒推截止日期，规划日程。

上冈老师的学习小窍门

理财与学习同样重要

学习各种知识和技能，参加资格证书考试，都是开拓未来可能性的有效方法。

学习，可以说是为获得自我实现和幸福人生而不断进行的探索。我想告诉刚刚踏入社会或即将创业的朋友们，除了学习，储蓄也很重要。不管是学习新的知识和技能，还是自主创业，都少不了初期投入。在这个过程中，初期投入资金是自己的存款，还是通过贷款（借款）获得的，会在后期显现出很大的区别。

创业初期或者公司面临困难时，贷款会成为巨大的负担。很多公司倒闭，基本上都是因为无法还贷或是资金周转不开。

如果投入的资金是自己的存款，那么即使遇到危机，也能勉强挺过去。

我个人之所以能获得成功，原因之一是我在做编剧时取得了一定的成绩，收入还不错，于是就把一部分盈余用于合理投资，积累了一定的资金，进而为后来独立创业打下了经济基础。

而有的人当时和我收入相当，却肆意挥霍，不善储蓄理财，遭遇危机后落得困顿的境遇。

所以，我们应当有忧患意识，哪怕数额不多，也要为了未来而存钱。比较理想的情况是，把月收入的 10% 存起来。

以日本生活为例，比如你的月薪是 20 万日元，那么就一个月存 2 万日元。对于工资偏低的人来说可能比较困难，但试想一下，如果你一年能存 24 万日元，5 年下来就是 120 万日元了。这笔钱无论是用于自我提升还是独立创业，都是比较充裕的。

所以，我们一定要好好规划理财。

第3章

建立条件反射式的自动学习机制——让学习成为习惯

想要保持动力和专注力，从脑科学的角度尝试做些努力是很重要的。多巴胺分泌有助于我们保持学习动力，提升专注力。在本章，我将为大家介绍如何促进多巴胺分泌，以及怎样通过改善生活习惯来提高学习效率等内容。

01 利用“5 秒法则”激发动力

倒数 5，4，3，2，1，然后立刻行动，不要拖延。

1 改变人生的“5 秒法则”

大家可能都有过想学习但又不想行动的时候吧。当我们打算做某件事的时候，虽然明白这件事非做不可，却迟迟难以付诸行动。

其实，这是由于人在尝试新事物或者挑战比以往难度更大的事情时，常常会因为不安而无法采取实际行动。

这个时候，“5 秒法则”就能发挥作用。“5 秒法则”是由美国的梅尔·罗宾斯（Mel Robbins）提出的行动方法。罗宾斯长年饱受焦虑症的困扰，服用抗焦虑药物达 20 年之久。正是“5 秒法则”让她的人生发生了巨变，她撰写的《5 秒法则》(*The 5 Second Rule*) 一书也使她一跃成为全美百万畅销书作者和知名励志演说家。

简单来说，“5 秒法则”是一个非常简单直接的行为心法，即当你决定做某件事的时候，倒数 5，4，3，2，1，最好能念出声来，然后在倒数完之后立刻行动，不要拖延。这个方法的核心在于通过这 5 秒倒数，让人产生动力。

科学研究已经证明，人只有先行动起来，才能调动大脑产生动力。

什么是“5 秒法则”

倒数5，4，3，2，1，
然后立刻行动

② 行动触发器

倒数 5 秒这个行为，其实就是我们的行动触发器。

我们可以把倒数的声音理解为一个信号，它提醒大脑内掌管动力的神经传导物质多巴胺要开始工作了。然后，多巴胺就会刺激大脑的行为中枢，转换为投入行动的动力。

等我们习惯了这个方法之后，哪怕是不出声在心里默念倒数，也能刺激大脑激发我们的动力。

有效地利用行动触发器，我们就能改掉在行动前犹豫不决、拖拖拉拉的坏习惯，可以快速地进入状态行动起来，从而提高效率。

POINT

提不起干劲的时候，不妨尝试“5 秒法则”。“5 秒法则”如同强制开始的命令，它可以屏蔽个人感受，将人们的需求和行动关联起来，进而激发人们的动力。

通过竞速法最大程度地利用专注力

学会根据待办任务合理安排时间。

1 使用秒表之类的计时器

在工作中，有效使用秒表，可以促使大脑分泌更多的多巴胺。

比如说，有一份计划书必须要在 1 小时之内完成，这个时候我们就可以使用秒表或者智能手机的计时应用程序，设定 1 小时的倒计时。在倒计时开始的同时，我们将全神贯注地制作计划书，一鼓作气地完成。在规定时间内，尽全力完成任务，这就是竞速法。

一旦设定了截止时间，人就能表现出高度的专注力，这是有据可依的。1958 年，英国历史学家西里尔・诺斯古德・帕金森（Cyril Northcote Parkinson）提出了著名的“帕金森定律”，并在世界范围内迅速传播开来。

“帕金森定律”指出，“只要还有时间，人们就会拖延到最后一刻”。在没有截止期限、时间充裕的状态下，人们往往会消磨时间，迟迟无法采取有效的行动。

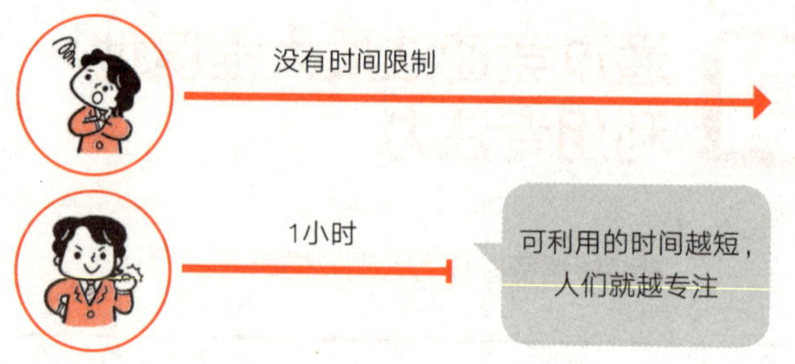

② 合理分配时间，屏蔽多余选项

如果我们能合理分配工作时间并给每项任务设定截止时间，我们的思考方式也会随之发生巨大的变化。通过设定截止时间，大脑会集中注意力在规定时间内尽全力完成任务，这样一来，我们就能屏蔽掉多余选项，聚焦于行动本身。

如果没能在规定时间内完成任务，超时了，我们该怎么办？在这种情况下，我们需要暂时停下来。无视截止时间，一味地延时继续完成，这样做无法让竞速法真正发挥它的作用。我们可以放下手中的事情，稍作休息，然后根据余下的任务重新设定截止时间，继续尝试完成。

反复使用上述方法一段时间后，我们就能基本掌握什么样的事情大概需要多长时间。在逐渐适应了集中精力完成任务的工作方法后，我们就能更好地掌控时间。

做事情耗时变短也是自我成长的直观表现，所以我们务必学会有效应用竞速法。

POINT

尝试使用竞速法，合理分配时间。学会屏蔽多余选项，更加聚焦于行动。

03 “90 分钟 + 20 分钟”的时间分配法

利用脑科学中保持专注力的方法合理分配时间。

① 通过时间竞速和时间限制调节专注力

意大利作家弗朗西斯科・西里洛（Francesco Cirillo）提出了一种提高专注力的时间管理方法，叫作“番茄工作法”。

该方法将 25 分钟的工作时间和 5 分钟的休息时间视为 1 个番茄时间，如此循环往复，4 个番茄时间相当于工作 100 分钟、休息 20 分钟。

这个方法类似于前文所说的竞速法，它可以让人们有效地发挥专注力，并且适当地穿插休息，有助于人们张弛有度地学习，从而让人们形成集中注意力的学习或工作节奏。

但我个人觉得，就实用性来说，25 分钟的时间设定略短，过于片段化。如果在我们最专注的时候去休息，很容易打乱刚刚形成的节奏，甚至引起恶性循环。

我认为花 90 分钟的时间来学习或工作是比较合适的。脑科学关于生物节律的相关研究提出了 90 分钟的脑电波周期理论，也就是亚昼夜节律[①]。

研究表明，人的睡眠也是有节律的，这个节律就是睡眠周期。人在睡眠期间会周期性地出现容易做梦的浅睡眠（即快速眼动睡眠）以及不做梦的深睡眠（即非快速眼动睡眠），而一个周期的时间大约是 90 分钟。

最新的脑科学研究发现，这个 90 分钟的周期，不光在我们睡眠时对我们有影响，在我们清醒时也会对我们产生影响。

所以，每学习或者工作 90 分钟，我们就会感觉疲倦，这是大脑发出的需要休息的信号。

因此，我在“番茄工作法”的基础上，设计出了“90 分钟 + 20 分钟”的时间分配法。“90 分钟 + 20 分钟”为一小节，每天循环 3 小节。每学习或者工作 90 分钟后停下来休息 20 分钟，以缓解疲劳，为下一小节的高度专注做准备。依循我提出的方法，可以非常有效地提高学习和工作的效率。

90 分钟可以说是成年人专注力持续的最佳时间周期。如果能有效运用“番茄工作法”的加强版，即以 90 分钟为 1 小节，小节之间穿插 20 分钟来休息，我们将能更好地提高专注力，高效地学习或者工作。

① ultradian rhythm，亦称短昼夜节律。——译者注

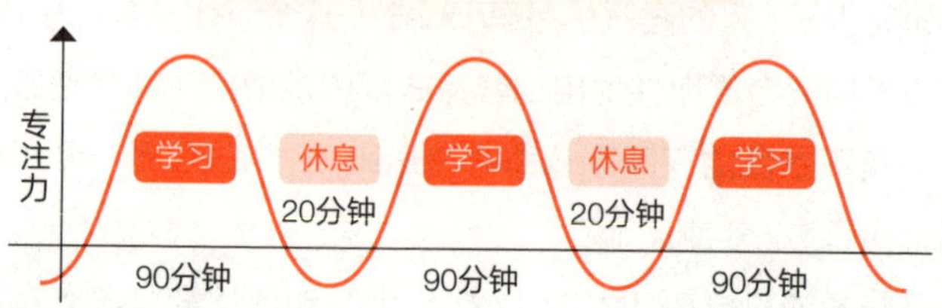

POINT

脑科学研究表明，成年人专注力持续的最佳时间周期是 90 分钟。保持专注 90 分钟后再休息 20 分钟，更有助于高效地学习或者工作。

下午和晚上更适合学习

利用上午头脑清醒的时间进行实践。

1 上午更适合应用

一般来说，早晨起床后的两三个小时是一天中大脑运转效率最高的时段。

这个时段的大脑通过睡眠缓解了疲劳，恢复至清醒状态，所以这个时段也被称为“大脑的黄金时段”。而且和下午相比，大脑在上午分泌的多巴胺更多。

因此，我建议大家在上午至少设置一个时长约为 90 分钟的高度专注时间段，并逐渐养成习惯。

上午更适合利用专注力处理一些难度较高，以及需要创造力、需要思考的创造性工作。

在日本，晨间活动越来越受到大家的关注，很多人利用上班前的一段时间来学习。对于这一趋势，我认为，利用黄金时段学习未免有些浪费。早晨是我们效率最高的时间段，应该利用大脑的黄金时段进行一些能推进工作的实践。

建议利用上午的时间集中精力进行实践。相较而言，下午和晚上更适合学习。

② 充分了解大脑特性的学习法

我建议大家每天在下午到晚上的时间段学习。

大脑在睡眠状态下会对学习内容进行筛选取舍，将其分为“短时记忆”和“长时记忆”来储存。有时候我们明明学习了，结果第二天早晨却全忘了，原因就在于大脑将所学知识归为“短时记忆”来处理了。

为了把所学内容变成“长时记忆”加以储存，我们需要在记忆的时候有一些“新发现”。

之所以使用IOK高速循环学习法，就是为了解决我们遇到的问题和难点，以便更好地对学习内容加以应用。换句话说，这种学习的方法是带着问题去学习，因此能通过学习获得新发现，从而将所学内容变成“长时记忆”储存在大脑里。

相比早晨，将下午和晚上用于学习更合理、高效，利用这一点，能让我们事半功倍。

POINT

利用上午的时间进行实践，下午和晚上进行学习。在充分了解大脑特性的基础上分配工作和学习时间，才能更合理、高效。

通过分泌多巴胺来提升专注力

利用大脑分泌的多巴胺，不断积累成功的体验。

1 通过分泌多巴胺提升专注力

促进大脑大量分泌多巴胺，可以有效地提升专注力。

多巴胺是有助于调节欲望、运动、快乐等的神经递质。做愉快的事情、感到兴奋、因时限将至情绪紧张、体验成功等情况都会促进大脑分泌多巴胺。

研究表明，大脑分泌的多巴胺越多，越能刺激掌控思考的大脑前额皮质活动，从而让人充满活力。如果多巴胺持续分泌，我们就能达到所谓的流状态[①]。

多巴胺还会影响大脑的海马体和杏仁核等多个部位，与记忆力的强弱息息相关。另外，多巴胺还有成瘾性，我们一旦通过它获得了快乐，就会希望“再体验一次”，从而促使我们重复同样的行为，最终就会对所做的事情着迷。

基于脑科学的研究，本书介绍的学习方法也提倡通过促进多巴胺分泌，持续保持动力。

① 人完全沉浸在当下所做的事情中，专注到无我或忘我的状态。——译者注

② 企业家大多是多巴胺爱好者

很多企业家都着迷于通过多巴胺获得的快乐。

企业家靠长时间的积累才有了他们的一切。拿下大项目、利润提高、员工增多、回馈社会等，每当取得成就时，企业家的大脑就会分泌大量的多巴胺，所以他们在不知不觉中就成了多巴胺爱好者。

有人可能会说，有钱人住着大别墅悠闲地生活就足够了，不必再努力奋斗了。但往往越是一流的企业家，越能发挥超出常人的行动力和领导力，时刻保持精力充沛并热爱工作。

因为他们渴望多巴胺带来的快乐。

研究表明，多巴胺既是一种能促进成功的物质，也是一种能让人感知幸福的物质。所以，成功人士虽然工作繁忙，但这种繁忙不会让他们感觉疲惫，相反，会让他们感到幸福。

很多企业家都会积极拓展新业务，这也是因为一项事业一旦走上正轨，它给他们带来的成就感就会逐渐减少。

另外，很多企业家喜欢挑战铁人三项、越野跑等高强度运动，这是因为运动可以促使大脑产生多巴胺。多巴胺爱好者在工作之外的事情上，也会想更多地获得多巴胺带来的满足感。

③ 失败体验也能促进多巴胺分泌

从促进多巴胺分泌的角度来说，持续实践也是非常重要的。

在我们反复应用 IOK 高速循环学习法提升自我的过程中，一定会出现不顺利的情形或者暂时不能解决的问题等，如果我们把这些碰壁消极地理解为失败，是非常不利于学习和工作的。

尤其是当我们挑战新任务或者难度较高的工作时，很多人会因为惧怕失败而迟迟无法采取行动。

其实，失败也能让脑内的多巴胺为我所用，促使我们不断提高技能。俗话说“失败乃成功之母”，从脑科学的角度来看，这句话也是非常正确的。

相信大部分人都知道，成功的体验可以促进多巴胺分泌，我们会更有活力，专注力也会得到提升。但鲜为人知的是，失败的体验越多，一旦我们获得成功，大脑分泌的多巴胺也就越多。

多巴胺是一种神奇的物质。我们可以把它想象成钟摆，失败的次数越多，钟摆的摆动幅度就越大，因此达成目标时大脑分泌的多巴胺就越多。

试着利用 IOK 高速循环学习法增加应用所学知识的次数，把每次遇到的障碍都看作是积累失败的体验，如此，我们就能更专注于实现目标，就会更渴望实现目标，从而分泌更多的多巴胺。

就像对弹簧施压那样，弹簧承受的压力越大，反弹力就越大。当失败的体验累积到一定程度，我们的专注力就会得到飞跃性的提高，大脑会主动要求我们进行更多的尝试。想要达到流状态，多次的失败体验是必不可少的。

我们在利用高效学习法学习时，不要过分在意应用过程中的失败，这一点极为重要，甚至要把失败这个词从我们的字典里删除。在实现目标过程中遭遇的失败都是可以通过改善而解决的小问题，把失败看作成功物质多巴胺的孕育地，我们的学习和应用就会形成良性循环。

一旦成为多巴胺爱好者，我们就会无意识地追逐它。在前文中我也讲过，出现停滞期是即将进入突破阶段的前兆，只要利用合适的方法耐心地度过停滞期，不断积累突破的瞬间，我们就能更多地享受到学习带来的乐趣。

POINT

失败的体验也能促进多巴胺分泌，而且失败乃成功之母，所以不要消极地看待失败。有效利用多巴胺，享受学习带来的乐趣！

优先处理重要任务

根据优先顺序决定从什么时候开始学习。

1 “大石头理论”

在利用高效学习法学习的基础上，我们还可以通过其他方法进一步提高效率。

除了把前面讲过的“即刻就做”作为优先事项执行，我们还需要有计划地进行筛选。

大家可能听说过著名的“大石头理论”。在课堂上，教授拿出一个广口瓶开始往里面放石头，直到放不进去为止。接着，教授又往里面倒沙子，等沙子填满缝隙后，乍一看瓶子已经装满了，但教授继续往瓶子里倒水，直到溢出瓶口为止。教授通过直观的实验，向学生们说明了如果不先把大石头放进瓶子里，等瓶子的空间被其他细碎的东西占满以后，再努力也无法将大石头放进去了。

“大石头理论”深入浅出地阐释了在工作和学习中抓住重点至关重要的道理。从脑科学的角度来看，这个瓶子就相当于大脑的工作记忆。

工作记忆是一种对信息进行暂时加工和储存的记忆系统。工作记忆的容量有限的，如果我们不断往里面添加细碎的任务，就相当于先往瓶子里倒满沙子和水，那么瓶子之后将无法再放入石头，即工作记忆没有空间去容纳大的重要任务了。

② 注意学习和工作时间分配的优先顺序

通过前文的说明，相信大家已经明白了应该先专注于重要任务。所以，我们需要对每天分配给工作和学习的时间进行先后排序。

回想一下“大石头理论”。平时我们在学习和工作时，也要像往瓶子里放石头一样，优先安排需要花费整块时间的重要任务，在零碎的时间穿插处理小任务。

我们可以根据自己当天的时间安排，结合之前介绍的加强版“番茄工作法”（“90 分钟 + 20 分钟”），把杂事放在 20 分钟的休息时间里去完成也是不错的选择。

另外，还需要注意的是，压力会对工作记忆产生影响。压力一大，工作记忆的容量就会相应缩小。所以，我建议大家不要把任务塞得太满，要给工作记忆腾出一些空间。

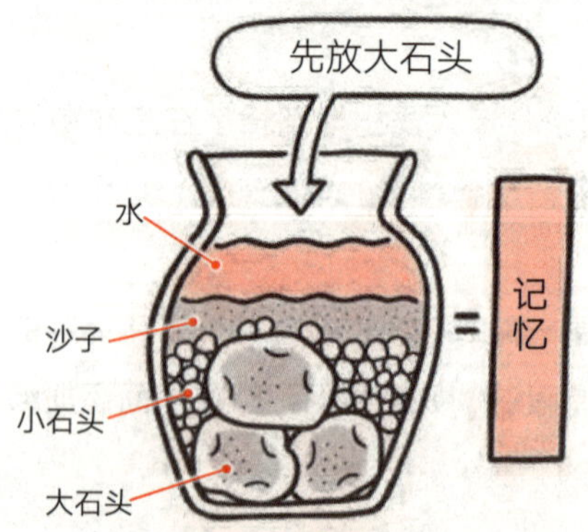

POINT

从大的重要任务着手，尽量避免让零碎的学习和工作任务占据工作记忆。

用单一任务备忘录代替待办清单

不浪费大脑内存的任务备忘录。

1 待办清单会浪费工作记忆内存

很多人在工作和学习时都会列出待办清单。某件事情必须要做，但是没有明确的在某月某日几点之前必须完成的截止期限，我们就可以将其列入待办清单。

我以前也会列出待办清单，但是慢慢发现，这么做之后，工作和学习的进度反而变慢了。

看到清单上成堆的待办事项，觉得还有那么多非做不可的事情，让我很容易感觉厌倦，从而丧失了学习和工作的动力。大家大概也有过类似的经历吧。

待办清单确实可以帮助我们直观地把握待办的事情，安排待办事项的优先顺序。但另一方面，“还有这么多事情要做啊”“从哪里着手才好呢”等情绪上的压力，会白白消耗大脑的工作记忆，导致我们的专注力下降。

现在，当我想专注于快速推进眼前的待办事项时，通常会放弃使用待办清单。

② 聚焦于当下的单一任务备忘录

如果我们每天只专注于完成一项任务，这项任务的优先级自然一目了然。待办清单上罗列的都是要完成的事情，只要我们专注于当下最重要的事情，集中精力优先处理，那么我们完成的必然就是清单上的事情，当然也就不必特意将其一一写在待办清单上了。

因此，我根据自己日常学习和工作的经验，自创了单一任务备忘录。它的使用方法非常简单。

利用单一任务备忘录的学习法

①专注学习前，只写出一项需要集中精力处理的任务。
②根据需要，将单一任务分解成多个小任务。
③一鼓作气集中处理所有小任务。
④用删除线标记已完成的小任务。

这样做的目的是在实现大目标的过程中，通过设定小目标而不断地积累成功体验，并通过完成后画删除线的方法将体验"可视化"，从而将这些信息直观地传达给大脑。

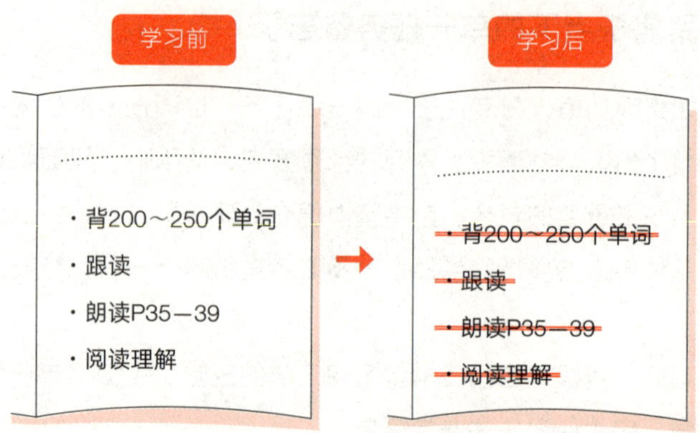

利用单一任务备忘录学习，就像打通关游戏一样，每当我们完成一项小任务就是打通了一小关，这种成就感将会成为我们继续下一个单一任务的动力。

不断获得小的成功体验，像打通关游戏一样快乐地学习。

3 成功体验与自我肯定息息相关

行为科学方面的专家永谷研一通过分析超过 1.2 万人的行为实践数据发现，小的成功体验会给人带来动力，让人更自信。

当一个人的自信积累到一定程度，他就能越来越肯定自我。能干的销售员、成功的企业家、社交能力强的人，一般都充满自信。

自我肯定是一种积极的心理感受，通过增强自信使自己变得坚韧，百折不挠，也就是心理学上所说的心理弹性（亦称韧性）——

一种在压力下复原和成长的心理机制。心理弹性有助于积极思维的形成，从而使人们拥有直面逆境、问题、高压的应变能力。

从世界范围来看，积极思维的效应相当受重视。在美国，拥有自信的人口比例高于日本。日本人往往自信心不足，心理比较脆弱。

单一任务备忘录可以帮助我们快速建立自我肯定的模式，同时也是帮助我们聚焦于当下，迅速投入当前待办事项的不二法宝。

相比之下，待办清单总会让人想起需要做的事情和没有处理完的任务，从而造成一定的焦虑和压力。

从脑科学的角度来看，焦虑情绪会诱发压力。当我们感受到压力时，体内会分泌导致衰老的活性氧，它会使我们做什么都打不起精神，久而久之，对我们的身心健康产生不良影响。

我们在做自己喜欢的事情时，总是会特别享受当下的愉快时光，很少会担心未来会发生什么。因此，通过不断地获得小的成功体验，促进大脑更多地分泌多巴胺，就可以让我们动力十足。

单一任务备忘录能很好地帮助我们集中精力，聚焦于当下，从而摆脱对未来的不安的困扰。有效利用单一任务备忘录，我们就可以让学习变得像游戏一样充满乐趣。

POINT

待办清单记录了大量要做的事，会给人带来压力，让人觉得喘不过气来。而灵活运用单一任务备忘录则可以让人不断地积累成功体验，从而变得更自信。

将动力分为 5 个等级进行切换

不是像开关一样简单的 ON 和 OFF 的切换，而是逐级递进的 5 个等级。

1 工作不能只有 ON 和 OFF

就像开关的 ON 和 OFF 一样，在实际生活中，我们需要切换工作状态和休息状态。如果切换顺畅，我们就能在工作时保持专注，不易分心。

我本人也不是从早到晚时刻保持 IOK 高速循环的学习和工作状态的。一辆汽车如果一直高速行驶，就非常容易出问题。同理，如果我们一直保持高速循环的状态，也会感觉身心俱疲。

结合自身的经验，我将动力分为 5 个等级，根据实际需要调整投入的程度。大家可以把工作动力想象成发动机，5 个等级相当于发动机运转的 5 个挡位。如果发动机只有 ON 和 OFF，那么运转时就会一直处于 100% 的全速状态。人也一样，如果时时刻刻都必须全力投入，不光身体吃不消，压力带来的精神负担也不小。

我们不妨将动力分为从 1 至 5 的 5 个等级，根据当天的身体和精神状态自主切换。比如说，今天太累了无法集中注意力，就用等级 1 工作吧；今天的工作进行得很顺利，状态也不错，等级 3 正合适；今天的事情很关键，必须全力以赴一举拿下，这个时候就要启动等级 5 了。如此，我们可以根据不同情况来调整心理状态，也就不会感到有太大的压力了。

2 避免不必要的压力

工作时，适度的压力会转化为动力。但如果压力过大，则会给人们造成心理负担，直接影响人们正常水平的发挥。

通过将动力分为 5 个等级，我们就能在工作时避免不必要的压力。例如，如果我们只投入了等级 1 的动力，就要提前做好“工作可能不会进展得很顺利”的心理准备；如果最后的结果比预期的要好，我们也就更容易获得成就感。

动力的5个等级

POINT

压力过大会给人们造成心理负担，直接影响人们正常水平的发挥。根据不同情况切换动力等级，可以避免不必要的压力。

每天最好安排一些空白时间

留出空白时间，缓解压力。

1 留出空白时间，哪怕只有 1 小时

我们在日常生活中常常会面临各种各样的压力。其中，工作占据一天中 1/3 的时间，是诱发各种压力的主要原因之一。

尤其是挑战新任务，或者处理难度较大的工作时，“无法预测接下来会发生什么”“将和什么样的人一起工作”等诸多对未知的不安，会给我们带来一定的压力。

即使是有一定工作经验的人，也会因为工作任务变重，或者因工作调动导致工作内容发生变化等原因而备感压力。

为了有效避免因工作压力过大造成心理防线崩溃、学习欲望降低，我们需要在每天的日程中预先留出一段没有任何安排的空白时间。

即使我们没能在规定时间内完成当天的学习或者工作任务，只要我们有一段没有任何安排的空白时间，哪怕只有 1 小时，也能让我们得到放松。日程排得太满，无论是生理上还是心理上，都会感到疲惫。

空白时间带来的安心对激发学习动力是非常有用的。

② 压力过大会导致大脑感知能力变差

美国弗吉尼亚大学的丹尼斯·普罗菲特（Dennis Proffitt）教授进行了一项实验，他将被试分为两组，让第一组聆听令人沮丧的音乐，第二组聆听令人心情舒畅的音乐，之后让两组被试判断他们面前出现的坡度大小。第一组的被试判断的坡度大多比第二组大。

该实验说明，心理压力会在一定程度上导致大脑感知能力变差，容易使我们放大事情的难度。

为了避免此类问题的发生，我们需要在每天的日程中留出没有任何安排的空白时间，以缓解压力，从而更好地投入学习。

POINT

在日程中留出没有任何安排的空白时间，避免精神压力过大。

尽量从积极的角度看问题

关注自己已经做到的事，保持动力。

1 尽量多关注已经做到的事

为了保持学习效率，我们应该尽量主动调动多巴胺等物质来帮助维持动力。

不管是学习还是工作，我们都会遇到迟迟不见成果的停滞期。

如果能形成多关注已做到的事情这一心理定势[①]，我们就能比较顺利地度过停滞期。

就大多数情况而言，如果我们想要完成一件事情，必须先有动力。但从脑科学的角度来看，往往是因为“能做到”，所以才有动力。

2 从消极的角度看问题会让人灰心丧气

荷兰阿姆斯特丹大学的克里斯蒂安·伯格斯（Christian Burgers）博士对 157 名被试进行了大脑训练计划的实验，目的是调查“发现好的地方，给出积极反馈”和“发现不好的地方，给出消极反馈”两种态度对学习和工作的动力产生的影响。实验发现，后一种态度会导致动力衰退。

[①] 亦称心向，是一种带有倾向性的心理准备状态。——译者注

也就是说，我们要尽量多关注已经做到的事，用“做得好”之类的积极语言进行自我表扬，这样能起到提高学习和工作积极性的效果。

对于没能做到的事或者做不好的事，我们可以通过 IOK 高速循环学习法加以改善，所以没有必要沮丧。

如果我们总是从消极的角度看待问题，过分在意失败的体验，大脑就会出现应激反应，导致思考力和行动力下降。对于失败，反省当然是必要的，通过反省找出原因进行改善能形成良性循环，但是过度的反省则是有百害而无一利的。

没能做到的事或者做不好的事，不过是通往终极目标的道路上的小小绊脚石，完全不足以阻挡我们前进。科学地调整心理定势，就能保持学习和工作的动力。

POINT

失败是实现终极目标过程中的必经历程，从积极的角度看问题，保持学习和工作的动力。

想象多层次回报

大胆想象多层次回报，保持高效动力。

1 只计算得失，无法激发动力

当我处于学习或者工作的停滞期时，我会通过大胆想象多层次回报来激发动力。

多层次回报，指通过实现目标获得的各种回报和附加价值。比如，我成为视频媒体博主得到的直接回报是广告收入。

但是，如果单纯地将获得广告收入设定为回报目标，是很难长期维持做视频媒体博主的动力的。面对“赚钱的方法还有很多，为什么非得利用视频媒体”这样的问题，我连自己都很难说服，因此可能中途就放弃了。

不过，如果我们能从多层次回报的角度去考虑这个问题，结果就大不一样了。只要我能成为视频媒体博主，就可以有以下回报：

◎ 有助于宣传公司。

◎ 针对客户咨询业务，可以利用我的视频媒体频道进行宣传推广。

◎ 可以为有困难的客户提供建议。

◎ 可以出版视频媒体相关书籍。

◎ 自我宣传，节省广告费。

可见，除了直接的回报，大胆想象的多层次回报也会使我们保持动力。

美国范德比尔特大学的研究小组让 25 名被试进行了一项简单的实验：用惯用手的食指在 7 秒钟内连续敲击按钮，如果能达到 30 次，就可获得少量报酬。实验结果表明，想要完成任务的人和中途放弃的人，其大脑中岛叶皮质的活跃度有很大差异。

岛叶皮质负责评估得失，所以中途放弃任务的人，他们的岛叶皮质是处于活跃状态的。

当岛叶皮质被激活，人们就会进行得失评估，思考自身行为的意义，从而在一定程度上阻碍了自己的行动。

② 大胆想象多层次回报

研究小组还发现，中途放弃的人的大脑左侧纹状体和腹内侧前额叶这两个区域的活动度都比较低。

这两个区域是我们得到某种奖励时感到快乐的大脑奖励机制的一部分。

当左侧纹状体和腹内侧前额叶被激活，我们就会为了体验获得奖励时的快乐而加倍努力。

无法彻底完成工作的人，往往是因为这两个区域没有发挥应有的作用，所以很容易就中途放弃了。

岛叶皮质活跃的人，以及左侧纹状体和腹内侧前额叶不活跃的人，都不属于持之以恒的类型。

尤其是平时把高效省时和计算得失作为行动准则的人，一旦看不到学习和工作的成效，就会感到厌烦。更有甚者会因为过分计较付出和回报是否对等而无法采取行动。

与之相反的是，能够大胆想象多层次回报的人，即使被安排做连续敲击按钮这种乏味、枯燥的事情，他们也会主动从中找到各种乐趣。

假设我是刚才提到的被试，除了拿到成功后的报酬，我应该还能从中发现不少乐趣。比如说，我会觉得“参加这样的实验的机会难得”“实验结束后要把这个奇怪的实验体验发到网上”“能作为平时洽谈业务时闲聊的话题”等，至于为什么实验内容会设定为 7 秒钟内敲击 30 次，实验结束后我一定要问问教授个中缘由，从而加深对脑科学的理解。

如果能像我这样不只考虑直接回报，还结合自身情况大胆想象多层次回报，那么即使是看上去似乎没有什么意义的事情，我们也能保持动力去努力完成。

所以，当我们遇到停滞期，很难保持动力的时候，不妨大胆想象一下如果实现了最终目标，可以得到怎样的多层次回报。多层次回报可以是提高技能、启发新的职业规划，也可以是增加收入、培养信赖关系，或者是开展新事业，等等。

当然，我们还可以把想象的多层次回报都记录在手账上，作为一种自我鼓励。回报的层次越多，就越有学习和工作的动力。

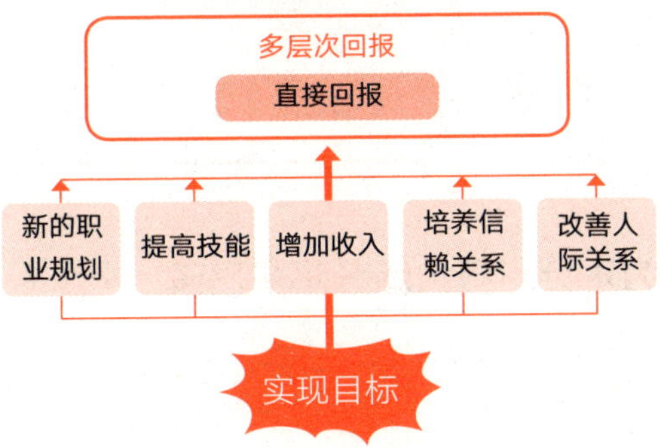

大胆想象除了增加收入还能获得哪些回报，以保持工作的动力。

POINT

过分计较直接回报的得失，可能会导致我们无法行动。大胆想象多层次回报，可以让我们保持学习和工作的动力。

助人为乐有利于激活大脑

通过助人为乐激活大脑。

1 助人为乐会刺激大脑分泌多巴胺

为了养成高效学习的习惯，我们需要刺激大脑分泌更多的多巴胺。

通过前面的章节，我们已经了解到应该尽量多应用所学的知识，通过丰富成功和失败的体验，促进大脑分泌多巴胺。

在此基础上，我们还可以通过养成其他习惯，进一步让大脑分泌更多的多巴胺。助人为乐，即利他行为就是一个好方法。大家可能会觉得奇怪，但这是基于脑科学研究总结的方法。

美国中佛罗里达大学的大卫·保罗·索恩（Dawid Paul Thorne）博士及其研究团队发现，如果我们能与面对困难的人共情并对其施以援手，就可以激活大脑的奖励机制。要注意，利己行为是无法促进多巴胺分泌的。

大脑中的奖励机制是与愉悦感相关的。当人的欲望得到满足或知道即将被满足时，大脑就会分泌多巴胺，从而让我们感到愉悦。

由此可知，我们的大脑被预先设置了一种行为模式，这种模式促使我们通过助人为乐的行为刺激大脑分泌多巴胺，从而产生愉悦感。

② 助人为乐能带来愉悦感

当你在地铁里给有需要的人让座，对方向你道谢时，你的心情就会变得很愉快。这是因为我们与他人的情绪产生了共鸣，帮助他人的行为刺激大脑分泌多巴胺，从而使我们获得了愉悦感。

定下目标，聚焦于学习或工作时，我们往往容易忽视周围的人和事。所以，我建议你不妨在学习或工作之余，常怀一颗助人为乐的心，从另一个角度刺激大脑分泌多巴胺。

助人为乐可以刺激大脑分泌多巴胺

POINT

聚焦于学习或工作时，容易忽视周围的人和事。助人为乐是刺激大脑分泌多巴胺的方法之一。

通过跳舞有效锻炼大脑

跳舞是经脑科学研究证实的锻炼大脑的方法之一。

1 跳舞可以增强大脑功能

想要高效地学习，在工作之余，注意保持大脑健康是非常重要的。

脑科学研究为我们提供了一些有效的锻炼大脑和让大脑休息的方法。

我要向大家推荐的方法之一就是跳舞。

研究大脑发育和精神障碍方面的专家约翰·梅迪纳（John Medina）博士十分推崇通过跳舞来锻炼大脑。

梅迪纳博士邀请了60～90岁的被试参与实验，他将他们分为两组，让其中一组在半年里每天学习1小时的舞蹈课程。半年后的研究结果表明，与没有学习跳舞的小组相比，学习跳舞的小组的思考能力和记忆力平均提高了13%。

大家可能会问，舞蹈有很多种，探戈、爵士舞、萨尔萨舞等，哪种最好呢？其实，舞蹈的类型并不影响锻炼大脑的效果，但是一定要和其他人一起跳，这样才会有效果。

为什么跳舞这么简单的事情就能增强大脑功能呢？原因就在于，跳舞是一项社交活动。首先，我们需要配合对方的动作一同起舞。

其次，一起跳舞时，我们不能只顾自己，还需要考虑舞伴的节奏、身体状况等各种情况。而这些都有助于提高我们的社交能力。

多项研究表明，社交能力强的人，认知能力也强。

某项研究对 1.5 万人的记忆力下降率进行了长达 6 年的追踪调查，结果表明，善于社交者的记忆力下降率只有不善于社交者的一半左右。

同时，研究还发现，通过与他人进行交流，大脑的信息处理能力和工作记忆也会得到增强。如果我们能通过积极社交增加大脑的工作记忆容量，那么在工作中能处理的任务就会增加，大脑的疲劳感也会越来越少。另外，跳舞不仅能提高认知能力，还能促进血液循环，增强免疫力。

一个人长时间地学习或工作，难免有时候会觉得枯燥、乏味。所以，为了有效地锻炼大脑，不妨在节假日去交谊舞俱乐部跳跳舞，出出汗吧。

POINT

休息日不妨去跳舞吧。跳舞不仅可以锻炼身体，还能增强大脑的信息处理能力和记忆力。

健身可以锻炼心智

每天健身 4 分钟，轻松消除压力。

1 通过健身来锻炼心智

最近，在锻炼心智方面，健身（力量训练）的作用越来越受到重视，其效果也在脑科学研究领域得到了证实。比如健身能激活增加大脑突触（神经链）的成长激素脑源性神经营养因子，使男性增加雄激素的分泌等。

2017 年，有关机构汇总并发表了关于健身与心理素质之间关系的研究成果。研究成果表明，健身可以大幅度缓解健康人群的焦虑和压力，对焦虑障碍和抑郁症也有一定的改善作用。

健身可以增强神经突触的功能，从而加快信息传递的速度，有助于提高人们的思考能力、记忆力和专注力。

现在我们都意识到健身可以锻炼心智，但是估计有些人会觉得健身的门槛很高。为什么会这样觉得呢？大多是由于人类的惰性，许多人还没开始健身就觉得长时间的力量训练既枯燥又辛苦。

但是，有一种健身方法，只需要短短 4 分钟就能有效地锻炼身体。我们不妨尝试用这种健身方法来锻炼心智，以获得多方面的提高。

② 能迅速实践的 4 分钟健身法

这种在 4 分钟内有效健身的方法，被称为“高强度间歇训练”（HIIT）。

HIIT 是“High-Intensity Interval Training”首字母的缩写，指的就是在高强度运动中穿插休息的训练方法。这种训练的具体方法是：以 4 个健身动作为一组，做每个动作 20 秒后休息 10 秒，共做两组。可供选择的健身动作有很多，初练者最好从深蹲、俯卧撑、快速高抬腿、仰卧起坐等开始训练。

在 4 分钟里，每两个动作之间穿插休息的时间是 10 秒，共计休息 1 分 20 秒，实际运动的时间其实只有 2 分 40 秒，是非常理想的能在短时间内消耗卡路里的健身方法。

尽全力做一次 4 分钟的 HIIT 会非常累，但如果完成 4 分钟的 HIIT，大脑就会分泌大量的多巴胺，给我们带来格外强烈的成就感。我做完 HIIT 后，会在调整呼吸、放松身心的同时，想象大量多巴胺通过突触的画面，这样不但能使身心很快恢复活力，人也会变得积极、乐观。

在此，需要提醒大家的是，我提及的 HIIT 虽然只有短短的 4 分钟，但给身体带来的负荷却大于一般的健身方式。

所以，我不建议平时完全不运动的人，以及老年人、心脏病患者、有血压偏高等健康隐患的人群进行 HIIT。

只需要 4 分钟就能完成的 HIIT 更适合工作忙碌的职场人士。

③ 挺直腰背就会充满干劲！

如果你每天都非常忙碌，几乎没有时间健身或跳舞，那么，我希望你至少能在日常生活中做到不低头走路。

实际上，无论是走路还是坐着，只要我们挺直腰背，就能对大脑产生良性影响。

美国社会心理学家埃米·卡迪（Amy Cuddy）和她的研究小

组将被试分为两组，对被试的唾液成分进行了分析，其中一组保持挺直腰背的姿势，另一组则是采取蜷缩的姿势。

研究结果发现，挺直腰背的姿势能降低压力激素皮质醇的浓度，对精神状态、情绪和判断力会产生正面影响。

挺直腰背，压力激素皮质醇的分泌就会减少，对调整心理状态也很有效。即使在工作手忙脚乱的时候，也请你注意保持良好的姿势。

POINT

4 分钟的 HIIT 既能锻炼身体，又能增强心理素质，非常适合没有太多空闲时间的职场人士。

为高效学习营造舒适的环境

尽量减少视觉信息，消除压力。

1 制定学习或者工作前的例行程序

到目前为止，我从不同的角度介绍了关于学习的方法，在本节中，我想就学习和工作环境简单说明一下。

公司办公环境的整理自不必说，近年来，远程办公逐渐普及，这也对居家办公提出了一定的要求。

所以，除了公司的办公环境，家中的环境营造也不容忽视。

首先，对两者来说都很重要的是，如何让自己快速进入工作状态。尤其是居家办公时，大家可能也已经意识到了，如何从生活模式快速切换到工作模式是一个无法回避的问题。

针对这种情况，大家不妨尝试在进入工作状态之前，制定一套例行程序。

喝杯咖啡，收拾桌子，去一趟洗手间，到便利店买点零食等，无论做什么都可以，但在做完这些事情之后，就要正式进入工作状态。这一系列的事情，我们称之为“例行程序”。例行程序就像开关一样，完成例行程序就相当于打开了工作模式的开关，正式进入工作状态。这个方法也同样适用于学习。

制定一套适合自己的例行程序，做完后就要正式进入工作或学习状态。

② 将桌面上无关的物品放进收纳箱

其次，是学习或工作环境。我们必须尽量减少环境中多余视觉信息的介入。人类的大脑非常容易被外界信息所干扰，一旦它通过视觉感知到了与所做事情无关的信息，就会将注意力转向无关信息。

所以，我们不要在桌面和工作环境周围放置与所做事情无关的漫画、杂志等物品。居家学习或办公时，尤其要避免桌子周围出现不相关的物品。

相比利用摆放了电视、书架、小摆件等物品的起居室或餐厅的桌子来学习或工作，我更推荐大家利用隔板或屏风等隔出的一个更利于集中注意力的空间。

另外，我们可以准备一个收纳箱放在桌旁，以便随时清理桌面上的杂乱物品，减少多余视觉信息的干扰。不需要的物品，直接丢进收纳箱里就可以了，不用收拾整齐。想要好好收纳的话，可能需要花费不少时间，这样反而会耽误学习或工作。

③ 适宜的室内温度和湿度能最大限度地提高效率

房间内的温度和湿度会在一定程度上影响学习或工作的效率。

室温太高或太低都会让人效率低下，22℃最为适宜，可以最大限度地提高学习或工作的效率。

最佳室内湿度在40%～60%，而湿度低于35%会降低学习或工作的效率。另外，有研究结果表明，湿度超过70%会使人感到疲劳。

因此，为了保持高效地学习或者工作，我们可以利用空调和开窗换气来调整室内的温度和湿度。新加坡首任总理李光耀就曾说过："空调是推动新加坡国家经济发展的重要因素。"

我们可以在房间里放一支温湿度计，方便我们调整室内温度和湿度，以保持最舒适的室内状态。如果在公司等公共环境，不方便对温湿度进行调节，可以通过增减衣物的方法来调节自己的体感。

4 营造适宜的环境

我们可以根据学习或工作的内容来改变桌面及周围的办公环境。一般来说，学习或工作时，桌面及周围的不相关物品越少越好。但在进行创意性活动，或者需要转换思路创新时，环境反而稍微杂乱一点更合适。发明家的房间之所以给人一种杂乱的印象，就是因为这样的环境非常适合进行发明创造。

另外，我们还要通过其他方式来尽量减少多余物品带来的视觉压力。虽然之前我讲过，不相关的视觉信息越少越好，但是在室内摆放一些观赏性绿植，或是窗边满目绿色的自然环境，都能在一定程度上缓解压力。植物的绿色和自然摇曳的姿态有助于大脑放松，从而提高我们的专注力。

有研究结果表明，如果人们在视域 10% 左右的范围内能看到绿色，就相对更容易集中注意力。所以大家不妨在室内放置一些观赏性绿植，或者选择看得到室外自然绿色的靠窗位置，为自己营造一个舒适的学习或工作环境。

同时，我们还要注意避免刺激五感的气味和声音，不仅限于食物的腐臭味等难闻的气味，还有刺激强烈的香水和嘈杂的背景音乐等。

现在，远程办公专用的家具和设备越来越多，大家不妨根据自身情况，营造一个最适合自己的环境。

除此之外，居家学习或工作时，应该至少将手机调至静音模式，最好将宠物和小孩安排在其他房间。为自己留出一段能高度专注的时间，哪怕只有短短的一小时，也能实现高效的学习或工作。

如何营造高效学习或工作的环境

①利用隔板或屏风等隔出专门的学习或工作区域。

②桌面上和桌子周围不要摆放与学习或工作无关的物品。

③在桌旁放置收纳箱。

④摆放观赏性绿植。

⑤尽可能使环境室温保持 22 摄氏度、湿度保持 40%～60%。

⑥避免噪声、异味。

⑦将手机调至静音模式。

POINT

营造舒适的学习或工作环境时要注意减少不必要的视觉干扰，保持适宜的室内温度、湿度，可摆放少许绿植，避免刺激性气味和嘈杂的声音。

吃出来的最强大脑

养成多摄入富含膳食纤维的食物和发酵食品的习惯，但注意不要摄入过多糖分！

1 不要摄入过多糖分和碳水化合物

提高学习或工作的效率，我们首先需要维持良好的身体健康状态。因此，注意日常的饮食习惯是非常重要的。

就我个人而言，我一般早餐吃得比较少，午餐和晚餐会非常注意摄取营养。含有大量糖分的糕点、面包和米饭等碳水化合物会使血糖波动过大，所以我们应该尽量避免过量摄入。

血糖的稳定对保持聚焦至关重要。大脑工作的主要能量来源于葡萄糖，而葡萄糖主要是通过摄取碳水化合物而获得的。但是，过量摄取碳水化合物的话，人体就会分泌大量的胰岛素，它有降低血糖的作用。如果大量摄入糕点、面包、米饭等碳水化合物，血糖就会发生急剧变化，导致我们感到烦躁、疲惫，以及突然的乏力、困倦。

2 越忙碌，就越应该摄入膳食纤维

通过摄入膳食纤维，我们可以有效控制血糖的波动。蔬菜和水果中含有大量的膳食纤维和适量的糖分。

另外，糙米、大麦、黑麦等粗粮虽然主要成分也是碳水化合物，但含有大量的膳食纤维。在摄取适量碳水化合物的同时充分补充膳食纤维，可以使血糖保持在稳定状态。

我现在的主食大多是发酵糙米。想吃甜食的时候，我会选择可可含量为 95% 的巧克力。

工作繁忙的时候，人们容易出现低血糖的情况，因此需要适当补充糖分以缓解无力、头昏等症状。但是，这个时候如果大量地摄入含砂糖或碳水化合物的零食，就会容易犯困，疲倦无力，以致无法专注于工作。

所以，越是忙碌的时候，我们越应该吃些糖分少的巧克力或香蕉、苹果等水果，此外，吃点干果等垫垫肚子也是不错的选择。

而少量摄入纳豆、泡菜等发酵食物不但能增加肠道内的益生菌，还能起到稳定血糖的作用。

养成摄入膳食纤维和食用发酵食物的习惯，这样不但能控制血糖波动，还能提高学习和工作的效率。

现在，市场上有很多含有大量膳食纤维的健康零食，大家可以根据自己的需求选择。

③ 通过分泌血清素来缓解压力

良好的健康状态，不仅指通过饮食和健身保持的身体健康，也包括心理健康。

通过休息，我们可以在一定程度上缓解心理压力。除此之外，还有其他方法能帮助我们高效地释放压力。

如果一个人的压力过大，脑内物质血清素的分泌就会减少。血清素具有稳定情绪的作用，还能帮助多巴胺和去甲肾上腺素正常工作。我们都知道，多巴胺关乎学习、工作的动力，而去甲肾上腺素则会影响专注力。也就是说，如果血清素分泌减少，多巴胺和去甲肾上腺素就不能很好地发挥作用，从而导致我们陷入消极状态。

所以，我们应该尽量促进血清素分泌，适度的运动、晒太阳和肢体接触等都是简单易行的促进血清素分泌的方法。利用休息时间去室外运动，或者多与可爱的动物接触，都有助于我们释放压力。

想要提高学习效率，适度的休息放松是必不可少的。

POINT

减少饮食中糖分和碳水化合物的摄入，优先摄取膳食纤维。另外，还需注意适度休息，如此才能更好地提高学习效率。

让身心焕然一新的优质睡眠法

通过睡眠让兴奋的大脑得到充分休息。

1 提高睡眠质量的 3 个小妙招

晚上能自然入睡，早上起床时神清气爽，这样的睡眠是最理想的。但是由于学习或工作，大脑会在白天分泌大量的多巴胺，如果大脑的这种兴奋状态一直持续到晚上，就会导致我们难以入睡。

当我们承受巨大的压力或者长期处于慢性压力的状态下时，自主神经就会发生紊乱。

自主神经分为交感神经和副交感神经两种，当机体处于紧张活动状态时，交感神经活动发挥主要作用，副交感神经活动主要维持安静时的生理需要，能帮助机体更好地休息和恢复。

一般来说，交感神经在白天更为活跃，它的活动会使我们的血压升高，增加输送至肌肉的血液量，使身体处于适合活动的状态。同时，交感神经活动还会使大脑保持兴奋、驱逐睡意，让我们的身心都保持适合学习或工作的状态。

而副交感神经则在傍晚到深夜的时间段处于活跃的状态，它的活动通过扩张血管降低心率和血压，减少向肌肉输送的血液量，使我们的身心都处于放松状态。在这种状态下，我们容易变得困倦，很快会进入适合睡眠和休息的状态。

如果我们无法在夜间获得充足的睡眠，或者睡得不踏实，就会打破自主神经的平衡，严重的话还有可能引起心理方面的问题。

所以，提高睡眠质量，是保证我们以脑力全开的状态迎接新的一天的关键。

在这里，我想向大家推荐 3 个经科学证实能够提高睡眠质量的小妙招。这些方法我都亲身实践过，确实非常有效。

提高睡眠质量的小妙招：

① 最晚睡前 2 小时吃完晚饭。
② 最晚睡前 90 分钟洗完澡。
③ 晚上要尽量避免蓝光照射。

小妙招①是为了降低血糖。在血糖高的情况下入睡，会阻碍生长激素的分泌，使大脑和身体细胞得不到修复，进而无法缓解疲劳。

临睡前吃饭可能导致肥胖，不利于身体健康。

② 深部温度是决定快速入睡的关键

小妙招②是为了调节深部温度。深部温度是指身体内部的温度，深部温度降低后，人的清醒程度也会降低，能很快进入睡眠模式。

人类的正常体温在36.5～37.5摄氏度浮动。在一天中，深部温度会在白天逐渐升高，夜晚逐渐降低。

所以，我们最晚要在睡前90分钟洗完澡，预先让深部体温升高，再随着深部温度的逐渐下降，在90分钟之后顺利地进入睡眠状态。

洗澡水的温度可以根据个人喜好设定，但以38～40摄氏度的温水为宜。尤其是泡澡，在38～40摄氏度的温水中泡15分钟左右，可以促进手脚的血液循环，也更容易让身体的热量释放。

相反，长时间泡热水澡，不仅会使交感神经兴奋，让人变得清醒，还会使深部温度一直居高不下，适得其反。所以，应尽量避免洗澡水过热。

另外，如果选择在晚上健身、慢跑或进行其他剧烈运动，也需要在入睡的两三个小时之前完成锻炼。因为，临睡前进行剧烈运动，会导致深部温度难以下降，从而可能影响睡眠。

③ 睡前应避免使用电子设备

小妙招③所说的蓝光被认为是可见光中波长短、具有相对较高能量的光线。智能手机、电脑显示屏、荧光灯等电子设备发出的光中存在大量蓝光。

太阳光中同样存在蓝光。所以，如果在晚上仍然持续被蓝光照射，大脑就会判定“白天还未结束”。如此一来，就会激活本应只活跃于白天的交感神经，抑制促进睡眠的褪黑素分泌，打乱生物钟，影响睡眠质量。

这就是睡前使用电脑或手机会让人难以入睡的原因。

洗完澡后，我们可以将室内照明调成暖色系，尽量避免蓝光照射。就寝前，我们不妨放下手机等电子设备，看书或学习，这样做不但能有效利用时间，也有助于入睡。

提高睡眠质量的小妙招

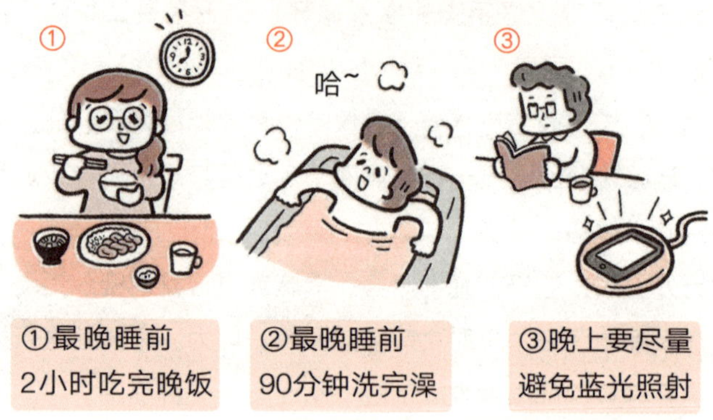

POINT

如果大脑的兴奋状态一直持续到晚上，会让人难以入睡。高质量的睡眠可以让人身心放松，恢复活力！

上冈老师的学习小窍门

让学习和工作
更高效的桌面布置

下面，我想介绍一下自己的办公桌面，供大家参考。

我的办公电脑是台式电脑，配置了超宽屏显示器，大屏幕方便我同时打开多个窗口和电脑的便签功能。我在电脑显示器的左下方放了一个电子钟，以便随时掌握时间，进行日程管理。虽然电脑屏幕上也能显示时间，但是字太小了，如果不刻意看很难看清楚。而电子钟就很醒目，我可以随时根据“90 分钟 +20 分钟”的时间安排进度。我认为在进行时间管理时，将时间可视化是非常重要的。

另外，我的办公桌上还有一个中等大小的收纳盒，就放在显示器右侧。凡是与当前所做事情无关的杂物，我都会放进这个收纳盒里，比如签字笔、充电器、剪刀、订书机等。我还会把随手记录的便签贴在收纳盒上。

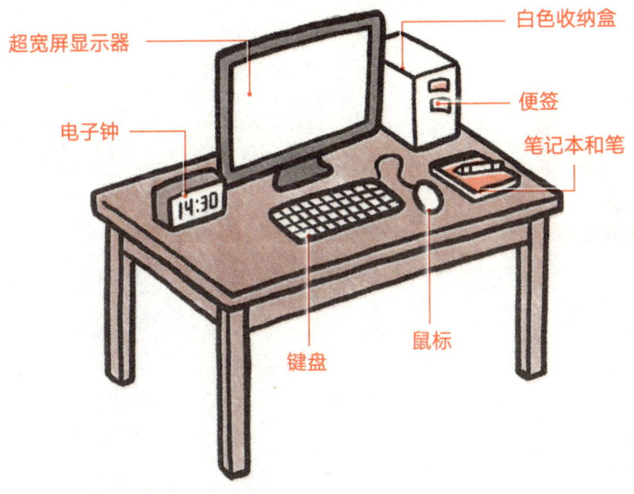

鼠标右边放着一个中等大小的笔记本，方便我随时记笔记。便宜的笔记本可能随手就被扔掉了，所以我习惯选择看起来质感比较好的笔记本，这样可以使我养成随手记笔记的习惯。

为了减少不必要的信息造成的干扰，我的桌面布置非常简洁，尽量只摆放必需品。

不被时代淘汰、全面均衡的

信息收集法

如今，我们身处信息过剩的网络时代，如何在有限的时间内高效收集信息对我们来说是非常重要的。在本章，我将为大家介绍如何高效利用新闻网站，如何筛选保留相关必要信息，以及如何有效利用各大视频网站的内容。

利用网络广泛、全面地收集表层信息

多角度广泛地从网络上获取信息。

1 当今的信息收集主要以网络为中心

为了掌握一技之长而收集相关信息时，我们会发现如今可供选择的信息获取途径远比以往多得多。看书、看电视、浏览新闻网站和视频等方式都能帮助我们获取相关信息，同时，书籍、电视节目、网站和视频的数量也不计其数。

但我认为，我们可以将网络作为收集信息的首选途径。虽然以前我一直坚持书上的信息比网络上的信息的可信度要高，但如今媒体行业正发生着翻天覆地的变化，各种网络和新媒体平台快速崛起，许多精彩的节目都能通过网络观看。

因此，网络已成为大部分人收集信息的途径，当然，如果需要收集专业领域的相关信息，还是需要通过阅读书籍获得。

对我来说，书籍作为收集专业信息和判断信息真伪的途径，仍然和从前一样是必不可少的存在。但是，作为收集表层信息的捷径，网络能快速地从多角度为我们提供简单明了的信息。

正因为我们身处网络时代，所以有必要广泛地了解多方面的表层信息。

② 利用网络广泛、全面地收集表层信息

当今社会，我们需要掌握的信息不断增多，所以像以前那样，对所获得的全部信息都进行深入了解的做法已经不再适用。

在深究之前，广泛地掌握表层信息变得更为重要。

当然，受工作内容、人际关系等参与社会活动的程度和形式的影响，每个人需要获取的信息的侧重点也会有所不同，但就一般的商务场合而言，我们至少需要尽可能广泛地掌握与社会动态相关的信息。

比如面向客户进行广告宣传的演示时，我们需要在一定程度上提前了解当前发生了哪些相关时事，对此社会上有哪些主流观点，行政部门采取了何种措施等一系列相关信息。

收集到的信息，内容要尽量不偏不倚、全面客观。因此，广泛地收集大量表层信息就成了从中立的角度全面看待问题的必要条件。

现在的新闻网站数不胜数，针对如何才能从泛滥的信息中筛选出最能满足我们需求的内容，我将在下一节中详细加以说明。

POINT

身处信息过剩的网络时代，广泛收集简单明了的信息非常重要。收集到的信息应该是不偏不倚、全面客观的。

只浏览网站上的新闻标题

高效浏览新闻网站。

1 通过新闻标题快速浏览信息

当我们试图从新闻网站获取信息时，往往会因为需要处理大量信息而烦恼。

我们的时间有限，很难做到在短时间内完成大量的阅读。所以，我一般会先浏览标题，不阅读文章内容。大多数新闻网站都会先列出文章的标题和相关图片，在我们点击后才会跳转至全文链接。

如此，我们可以像应用高速阅读法读书一样，先阅读新闻的标题，了解文章的主要内容。利用高速阅读法，我们每天都可以掌握大量信息。顺带一提，利用高速阅读法，我平均每天能浏览 2 000～3 000 个新闻标题。

从大量标题中找到感兴趣的内容后，我们就可以阅读全文深入了解相关内容了。为了检验报道的客观性，我们通常至少需要阅读 3 篇与同一件事相关的报道。因为各家媒体的报道都会有观察事件的不同角度和侧重点，即使并无特定立场或主观偏见，也会由于思维习惯等而偏重反映某些内容或忽略部分内容。

查找资料收集信息时，我们也可利用浏览标题的方法对信息内容进行检验。

2 浏览博客时要注意确认作者身份

现在，越来越多的作者、专家等都会通过博客或各网络平台的个人主页来发布文章、见解等。有时这些博客可能比新闻网站更有助于我们收集到有效信息，甚至和从书中获得的信息有同样的可信度。

在此，我想提醒大家，当我们从博客或个人主页上获取信息时，一定要注意确认作者是谁。通过确认作者身份，我们可以判断其发布内容的可信度。

收集有效信息的方法

POINT

为了获取尽可能多的表层信息，可以从浏览新闻标题着手，再根据需要阅读全文。

每天阅读超过 2 000 个新闻标题

学习如何选择多个新闻网站。

① 浏览多个网站，全面、均衡地获取信息

通过浏览标题，我每天能了解 2 000～3 000 条信息。

针对同一类型的信息，我一般会查阅约 4 个网站，不会只从单一网站上获取信息。比如说，目前我基本专注于视频媒体频道的运营，因为我运营的频道主要与金融投资相关，所以我需要大量收集与经济、金融、商业相关的信息。路透社、彭博社、雅虎金融和株探这 4 个与经济相关的网站就是我日常收集信息、浏览大量新闻标题的常用网站。

除此之外，我还会查阅各种生活类网站上的信息。但是我从来不关注娱乐类网站，因为这类网站上的信息和我现在的工作内容无关。

② 有效利用可支配时间，避免大脑启动异样奖励机制

一天中可以自由支配的时间就是可支配时间，如何充分利用这段时间是非常重要的。

休息时间另当别论，但当我们专注于完成眼前的待办事项时，千万不要把时间花在无谓的事情上。

比如说，我们在浏览新闻网站时发现了一个非常吸引人的标题，然后我们点开阅读了全文，接下来又点击了附带的链接，继而开始了无尽的连续阅读。

如果浏览的是与待办事项相关的内容，那么这种做法也能让我们获取有效信息。但是，相信大家都有过类似的体验，吸引我们进行连续阅读的大多是娱乐新闻。这类新闻几乎没有什么价值，却充满吸引我们好奇心的内容要素。

网络是一把双刃剑，魅力无限的同时，也隐藏着很多问题。网络会刺激大脑分泌多巴胺，形成前文中提到的奖励机制，使我们沉迷于上网带来的愉悦感之中，欲罢不能，甚至产生过分依赖的情况。

恶性循环的异样奖励机制大致如下：

◎ 吸引眼球的标题和照片→展示“奖励”，激发阅读欲望。

◎ 欲望得到满足后产生新的欲望→点击标题和照片，阅读全文。

◎ 从一个链接到另一个链接，接连不断→对其带来的愉悦感产生依赖，欲罢不能。

网络、电视、电子游戏都能刺激多巴胺分泌，引发大脑启动异样奖励机制，导致产生过分依赖的情况。

多巴胺既能提升学习和工作的动力，也会使人产生依赖性。

因此，我们需要注意，不要养成不良习惯刺激多巴胺分泌，避免形成恶性循环。

可支配的时间是有限的，如果我们被与工作或学习无关的内容所吸引，一旦沉迷其中养成了不良习惯，就会很难摆脱，白白浪费时间。我们一定要有效利用可支配时间，适度刺激多巴胺分泌，避免大脑启动异样奖励机制。

3 大量阅读“推荐阅读”容易造成信息失衡

现在的很多新闻App都有推送功能，即根据用户的阅读习惯，通过大数据筛选推送相关新闻。基本上我不会使用这类App，因为只看大数据根据个人喜好推送的信息，容易导致自己的思维和视角过于单一。

大数据会根据我们以往看过的内容和搜索记录，将符合我们喜好的文章自动排在前面。这种功能虽然便捷，但当我们想要广泛、全面地收集信息时，这种便捷的功能就会形成阻碍。

大家应该都遇到过点击量很高、排在前面却不具有广泛性和重要性的话题吧？即使是通过大数据筛选出来的新闻，排在前面的也不一定都是话题性较高的内容，话题的热度还可能受到点击量的影响。

所以，过分依赖大数据筛选，可能会造成我们认知上的偏差，使我们无法准确地把握真实的社会动向。长期浏览单一的新闻网站，也会导致同样的问题。

现在，这种情况虽然已经在很大程度上得到了缓解，但不同媒体或多或少都会有一定的主观立场。俗话说，物以类聚，人以群分，媒体的观点不但是其自身的特色，也是吸引持相同观点的读者的途径。

长期浏览单一的网站，会造成思考的片面性。如果是为了收集信息，我们应该避免信息本身的偏向性。我们应该通过广泛、全面地收集信息，结合自己的思考来判断事情发展的走向。

POINT

有效利用可支配时间，广泛、全面地收集客观、有效的信息。

选择优质的新闻网站

什么样的新闻网站是最实用的?

1 标题在 25 个字以内且包含了必要信息

网络对于高效地收集信息是非常有用的。然而，铺天盖地这么多网站，到底什么样的网站才值得浏览呢?

首先，我们可以根据网站内文章标题的质量进行筛选。我在前文中讲过，想要短时高效地收集信息，可以利用浏览标题的高速阅读法，标题包含的信息量在一定程度上代表了网站的质量。

目前，包括谷歌在内，大部分的搜索引擎都是以标题为基础进行检索的，因此对于媒体来说，标题的质量会直接影响阅读量。内容充实的标题可以增加访问量，也就是常说的引流。

优质的文章标题通常具有以下 3 个特点:

◎包含人名、机构名称、事物名称等类型的名词。
◎包含比例、数量等一目了然的数字。
◎包含能给人留下深刻印象的词语、金句、流行语等。

字数在 25 个字以内，包含了上述 3 点内容的标题往往更容易引起读者的注意，并能激发读者详细阅读的欲望。将令人印象深刻的关键词浓缩在标题的前 20 个字中的文章，一般内容也比较充实。

2 内容与标题不一致的文章没有阅读价值

当然，也有部分媒体过分利用标题来吸引读者，而实际的文章内容则空洞或与标题并不相符，也就是通常所说的“标题党”。

我们完全可以将这样的劣质媒体拉入黑名单。缺乏实质性内容的媒体的报道，首先其真实性就让人怀疑。其文章内容很有可能是编造杜撰出来的。

一般来说，由正规出版单位或主流网络媒体发布的报道，标题大多具有吸引力，内容基于事实且简洁明了，易于阅读，连排版和设计也令人赏心悦目，报道的整体质量较高，是可靠的信息来源。

我们可以先了解有哪些高质量的网络媒体能够作为获取信息的来源，以后收集信息时就可以从这些网站中进行筛选。

关于如何筛选优质新闻网站，可参照见下图：

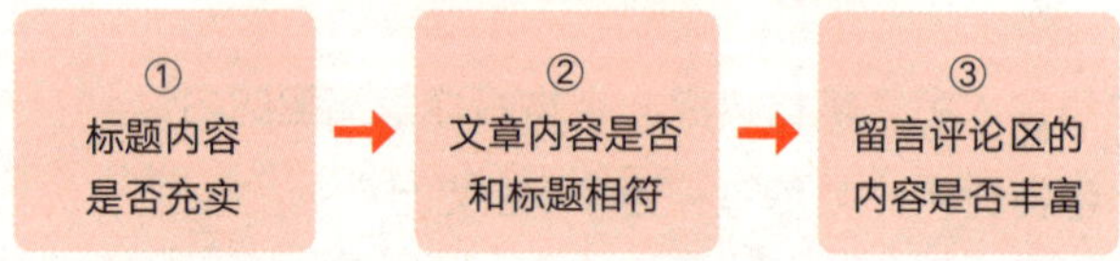

3 内容丰富的 NewsPicks 评论区

近期，最吸引我的媒体要数 NewsPicks。NewsPicks 虽然是付费媒体，但其文章留言评论区的内容会让人觉得物超所值。

NewsPicks 的评论系统不是匿名的，每个留言的人的个人资料都会被显示出来，以帮助读者从多个角度对文章的内容进行判断。

现如今，点评对商业的重要性不言而喻。文章的评论数量越多，越能在社交网站上掀起讨论的热潮，就越能证明该话题的普遍性和关注度。除了作者的文章，读者针对文章的评论也可以在一定程度上增加该文章的说服力。

NewsPicks 及时引入上述点评机制。在其留言评论区，除了对文章内容持赞成态度的评论，我们也能看到反对或批评类的评论。在这里，没有通常所说的键盘侠或网络喷子，大家都对自己的发言负责，秉持着真挚的态度进行讨论和交流。

虽然有一部分人觉得 NewsPicks 门槛有些高，但在这里，我们看不到充满戾气的言语攻击，也没有不理解文章内容就一味抨击的无知抬杠，整体网络环境是非常健康的。

NewsPicks 的成功，也在一定程度上说明了优质的网站不但能提供有价值的信息，还能形成有意义的交流平台。

4 区分使用普遍性信息和针对性信息

我认为，NewsPicks 的运营风格今后将会被更多的媒体所模仿。除了面向大众的综合媒体，以特定人群为目标，吸引该群体的大多数人参与形成小型交流社区的垂直媒体也将日益增多，并且这种两极分化将会越来越明显。

不仅传媒业会有这种两极分化，商业或专业技术领域也会出现这种两极分化。我们应该在把握整体的同时，明确自己需要将重点放在哪里并加以应用。

收集信息也是一样。我们通过阅读大量标题来把握全局，针对最应该了解的内容进行深入了解。

将广泛浏览普遍性信息和深入了解针对性信息结合起来，才是全面、均衡的信息收集方法。

如果只阅读针对性信息，我们的视野就会受限，很难把握全局，不知道自己的选择是否符合社会整体发展趋势。但如果只浏览普遍性信息，我们也无法确定自己应该专注了解哪些内容，不能进行深入思考。

纵观全局的同时提升自己的专业能力是非常重要的，大可忽略其他的零碎信息，只有这样，才能最大限度地发挥大脑机能，聚焦于学习和工作。

POINT

通过浏览优质网站新闻标题的方法广泛、全面地了解信息，根据个人需要集中阅读相关信息，这样收集到的信息才能全面、客观。

信息重在消化理解

信息过剩时代特有的信息处理技巧。

① 不用刻意记住泛泛浏览的信息，将其“植入”潜意识即可

我们每天浏览 2 000～3 000 个新闻标题，想要全部记住几乎是不可能的。

浏览标题时，与其说为了记住，不如说将其想象成一个消化吸收的过程。就像翻书一样快速浏览这个世界出现了哪些新的动向，发生了怎样的变化等，虽然无法了解每一个细节，但对大致的要点有印象即可。

结合之前讲过的意识相关知识，对于泛泛浏览的信息，我们只需将其“植入”潜意识里，而不用专门花时间和精力去刻意记住。

不可思议的是，即使没有刻意去记忆，某些信息也会在相关的特定情况下被调取出来。

也就是说，当我们需要某些信息时，大脑会像进行自动检索一样从潜意识里调出相关信息。我们对这些信息的记忆可能不一定清晰，但可以以此为线索继续查找收集详细内容。

这些大量的信息就像索引一样留存在大脑的角落里，能在关键时刻派上大用场。

2 潜意识里的信息可能会带来最佳灵感

在商务场合，相比知道具体的解决办法，更重要的是合理判断在不同的情况下需要何种解决办法的能力。换句话说，能够明智地判断某种办法是否适合解决问题，或者该办法是否能打破局面、产生一定的影响力，才是最重要的。

消化信息，并将大量信息存储在潜意识中，有利于我们在面对问题时想出多种解决办法。备选的解决办法越多，就越有助于我们选择最佳方案或从中获得解决问题的灵感。

如果我们了解的信息不够全面，就会导致自己的视野狭窄，思路受限，无法纵观全局。同理，针对某个问题，如果我们只能给出一种勉强的解决办法，就很难有新的想法，也就无法跟上瞬息万变的时代潮流。

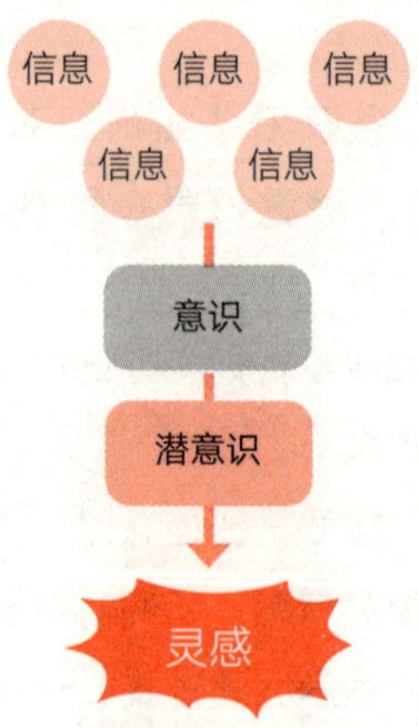

POINT

浏览标题是适应快速发展的信息社会的基本技能之一。信息重在消化理解，而非刻意记住。

区分流量信息和存量信息

介绍记忆信息的诀窍。

1 流量信息和存量信息

关于浏览信息和为了记住相关信息而进行集中阅读，我们可以通过经济学术语 Flow 和 Stock 加以理解。

Flow，即流量、流动；Stock，即存量、储存。这两个经济学术语通常用于说明资金流。Flow 是指一定时期内资金的收支变动，Stock 是指一定时点上的储蓄和资产。

根据上述说明，我们可以将流量（Flow）信息理解为看过之后就会遗忘的、保鲜期很短的信息，将存量（Stock）信息理解为作为存档保留在记忆中的、可多次重复利用的信息。

当我们在收集信息时，随着信息量的不断增加，很容易出现过目即忘、难以留在记忆中的情况。虽然大量信息会被存放在潜意识里，但我们仍然需要下意识地记住一些有用的重要信息。

因此，在收集信息时，我们需要根据自己的需求区分流量信息和存量信息，有选择地进行主动记忆。

2 关联记忆法有助于长时记忆

人的记忆是流动的，一部分曾经记住的内容会被遗忘，也会有新的内容被记住。心理学家尼尔森·考恩（Nealson Kaun）博士提出，大脑短时记忆的容量有限，最多不超过 4 组内容。根据该结论，我们能同时处理的任务最多为 4 项。

然而，考恩博士认为，掌管记忆的大脑，其自身的容量并不像硬盘那样是固定的。也就是说，在某些条件下，大脑可以拥有无限的容量。

如果我们能将信息与信息关联起来，大脑就更容易将之作为一组内容储存在长时记忆中。比如像“胡萝卜”“白萝卜”“卷心菜”这样看似独立的内容，通过建立关系将它们归纳为一组的话，就会更容易记住。

简而言之，如果我们想要形成长时记忆，可以利用关联记忆法，通过建立关联性信息来进行记忆。

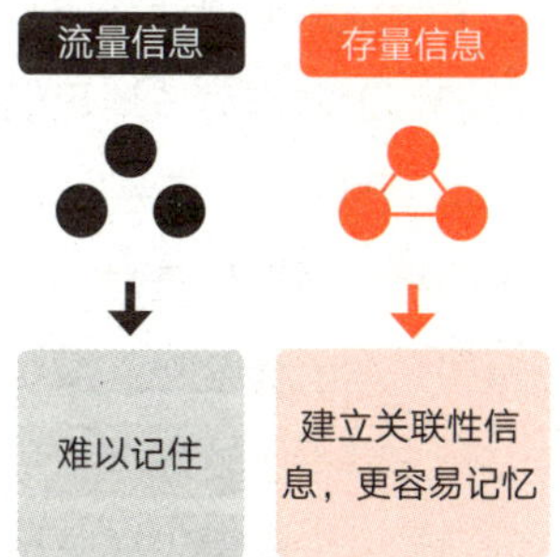

POINT

短时记忆的容量最多不超过 4 组内容，但是通过在信息之间建立关联进行记忆的话，大脑就可以拥有无限的容量。

网络与书籍双管齐下

收集信息，不仅要利用网络，也要查阅书籍。

① 利用网络收集信息，通过书籍进行记忆

在前文中，我向大家介绍了利用新闻网站以及通过搜索引擎收集信息的方法，但这并不意味着我们可以彻底地抛弃书籍。

在买书的时候，我们会进行甄别，因此到手的书不会像新闻网站一样，夹杂着一些不知作者和出处、不确定真实性的信息。

从这个角度来看，书籍是最值得信赖的媒介。再加上利用高速阅读法进行阅读，我们可以非常高效地记忆书中的知识。

以前，书籍和报刊是主要的信息来源渠道。随着时代的发展，现在我们更习惯于通过网络即时获取信息，但我认为最有效的信息收集方法是：通过网络获取流量信息，重要的、需要深入了解掌握的内容则要通过书籍来获得。

虽然有综合信息网站和专业信息汇总一类的网站，但从记忆的角度来说，通过反复阅读加深记忆的过程仍然是必不可少的。

利用新闻网站等获取流量信息，通过阅读书籍来巩固关于存量信息的记忆。

② 阅读书籍对巩固记忆是最有效的

电脑和智能手机的功能繁多，不利于专注阅读及记忆。

用手机阅读时，中间可能会被电话、短信、邮件等通知干扰，打断我们的专注状态。而书籍不存在这种干扰，我们可以完全专注于看书这件事本身。

现在，电子书以及各种读书软件已相当普及，很多人倾向于通过手机或电脑看书。虽然这类阅读形便捷，但从提升专注力和进行反复阅读加深理解的角度来看，我还是建议大家选择纸质书籍。

网络和书籍各有优势，我们可以在充分了解它们各自利弊的基础上加以灵活应用，省时高效地获取有效信息。

POINT

通过利用高速阅读法读书来记忆存量信息。网络与书籍双管齐下，让记忆更牢固。

有效利用视频学习

相比文字，影像更直观且容易记忆。

1 影像比文字更直观、更容易理解

视频也是非常有效的信息收集途径。如今，广告业越来越重视利用视频进行宣传推广。

与文字信息相比，影像可以通过使我们被动视听传达信息。因为在观看视频时，我们可以通过感官接收信息，所以更容易捕捉信息。

和利用谷歌搜索信息一样，越来越多的人开始在视频网站上搜索所需信息。以前，大家比较偏重于在视频网站上观看娱乐视频或与儿童相关的视频，现在则更喜欢教育、饮食和健康等方面的视频。

我的视频媒体账号发布的主要是学习方法和金融投资方面的视频，现在订阅者已经超过 13 万人。

视频的优势在于，我们搜索找到相关内容后，只需短短 5 分钟左右，就能了解大致内容。与文字信息相比，视频利用影像的方式向大脑传递内容，通过感官刺激促使我们形成记忆。

2 视频是学习创造性技能的最佳途径

在观看视频时，我们可以根据自身需要随时调整视频的播放时间和播放速度。视频非常适合用于学习 DIY 或制作美食等创造性技能。

视频展现具体的操作过程，会比文字传达的内容更直观易懂。从这个意义上说，视频是理解过程的最优媒介。

利用视频学习入门指南等内容也非常方便。比如说，当我们不知道某件物品或工具的使用方法，或者想掌握某个软件的特殊操作方法时，看视频直观地学习远比通过文字阅读更容易理解掌握其中要点。

文字在传达立体空间信息时有其自身的不足。比如说，用文字表述“点击右数第 2 个图标，打开标签，接着点击左数第 3 个白色图标”，大家可能很难立刻在脑海中想象出对应的画面，但如果用视频展现，我们就能直观地看到这一操作。

顺便提一句，我的摄影和视频编辑技能都是在视频网站上学会的。

POINT

通过观看视频学习创造性技能，比阅读文字学习的效率更高。

影像可以刺激右脑帮助记忆

书籍中带有插图的内容 / 信息更容易被记住。

1 视频的记忆留存率是文字的 2 倍

视频的优势不仅仅在于更有助于人们理解制作过程、操作流程等方面的内容。请大家回忆一下我在第 2 章讲过的学习金字塔，学习内容平均留存率最高的方式是转授，最低的是听讲，阅读高于听讲但低于视听。

基于学习金字塔定律，阅读的学习内容平均留存率为 10%，视听的平均留存率为 20%，是阅读的 2 倍。

当然，演示、讨论、实践的学习内容平均留存率都远远高于阅读，但属于被动接收信息的视听的学习效果竟然优于阅读，这一点确实令人感到意外。

该结论表明，与文字相比，大脑对视频图像等视觉传达的信息具有更高的认知能力。有数据显示，相比单一的文字信息，大脑中掌管记忆的海马体更容易记住与图像融为一体的信息。

众多研究数据表明，除了文字内容，我们还可有效利用视频图像进行学习。

② 文字作用于左脑，影像作用于右脑

一般来说，大脑更倾向于使用左脑识别文字，使用右脑认知影像和图片。虽然左右脑都有海马体，但近期的研究结果表明，右脑在情景记忆、空间记忆等方面明显占有优势。

也就是说，我们看书和看视频时激活的脑回路是不一样的。当然也不仅限于视频。就拿看书来说，如果书中有插图，我们就会启动右脑记忆。

近年来，越来越多的大众书籍配上了美观的插图，这是为了使内容更加令人记忆深刻，易于向大众传播。插图不但能帮助读者理解书中的内容，还能有效促进读者对内容的记忆。当我们在选购与掌握技能相关的书籍时，可以优先选择插图丰富的书籍。

另外，影像和图片还能刺激多巴胺的分泌。所以我们在观看影像或阅读有插图的书籍时，往往都比较积极主动，并能从中获得愉悦感。

POINT

右脑的记忆属于影像记忆，容量更大，记忆速度更快。影像和图片还能刺激多巴胺分泌。

观看视频时可多关注缩略图、利用倍速播放功能

利用视频网站收集信息的技巧。

1 利用视频缩略图确认信息

在视频网站上发布视频时，发布者不但会为视频起一个吸引人的标题，也会注重通过视频缩略图来概括主要内容。因此，我们在视频网站上收集信息时，可以多关注缩略图中的内容。

此外，播放量高的视频往往质量也相对更高。如果我们留心确认标题、缩略图和播放量，就很容易找到高质量的视频。

大部分视频网站还有倍速播放功能，利用该功能查看视频可以提高我们收集信息的效率，这和我们利用高速阅读法看书是一样的道理。同时，观看视频时，我们可以根据自身需要选择看什么内容。比如看讲解类视频时，我们可以跳过无关的内容，直接看我们想了解的内容。

2 通过视频网站获得专业性强的信息

针对那些深度挖掘技能、技巧的视频，我们需要反复观看以加深记忆。同一视频经过多次观看，能在大脑中留下深刻的印象。

现在，视频网站上的视频内容越来越丰富，众多领域的专家甚至领军人物都入驻了各类视频媒体，所以我们能从视频网站找到大量专业性较强的相关视频。

专业性强、讲解清晰的视频往往会收获不错的播放量，所以我们通常能很快地在视频网站上找到适合自身需求的高质量视频。让人惊叹的是，观看名人制作的精彩视频往往还是免费的。

当然，和新闻网站一样，有些视频看起来很有视觉冲击力，却没有多少实质性的内容。

不仅仅是知名视频网站，许多新闻媒介也开始注重视频形式了。相信今后将会有越来越多的媒体把视频作为主要信息呈现形式。

观看视频的确认事项

①缩略图
通过缩略图的画面和关键词确认大致内容。

②标题
与缩略图提供的信息相比，标题传达的信息更为具体。

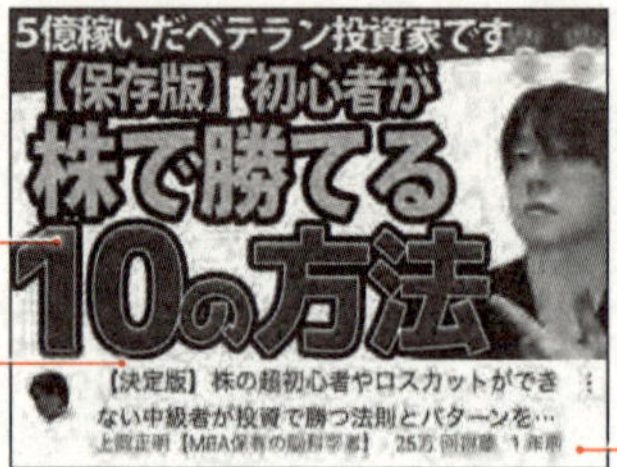

③播放量
在通常情况下，播放量高的视频，评价较高，质量也较好。

注：该视频封面仅用于说明选择与观看视频的方法。

POINT

观看视频是一种高效且针对性强的信息收集途径。

智能手机和台式电脑的使用法则

根据情况选择合适的终端设备。

① 有效利用碎片时间

在前面的章节中，我们了解了如何有效利用各种媒介收集信息。接下来，我将为大家介绍利用这些媒介时适合使用什么终端设备。

收集信息应该张弛有度，有效利用碎片时间也同样重要。就我个人而言，我会在乘坐交通工具时通过浏览新闻网站和视频来收集信息。

通勤时乘坐交通工具的时间往往比我们想象的要久。单程通勤时间按 30 分钟来计算的话，那么往返就是 1 小时。如果当天因工作需要外出拜访客户，往返时间也要花费 1 小时，那么光这两项加起来，我们就有 2 小时的碎片时间。

就日常的信息和素材收集来说，我们可以利用这 2 小时获取大量的信息。如果是利用高速阅读法看书，这些碎片时间也足够看完一本正常厚度的书了。

碎片时间可以用来学习所需技能，应该加以有效利用。

② 出行时段是最佳学习时间

所谓出行时段，是指每天例行外出的固定、惯常的时间段。如果我们每天都能在同一地点、同一时间段做同样的事情，就能更容易地切换工作模式和休息模式。

就像一旦进入工作环境就切换到工作模式一样，我们也可以养成一进入地铁就切换成学习模式的习惯。

在乘坐交通工具时，大多数人都会习惯性地拿出手机看看视频，刷刷社交软件。然而，将乘坐交通工具的这段时间用来消磨时间，其实是非常浪费的。

乘坐交通工具的这段时间非常适合用来收集信息，比如浏览新闻网站或看书等。

③ 使用大显示器可以提高工作效率

乘坐交通工具时，我会利用智能手机收集信息；而在工作环境中，一般情况下我会放下手机，改用台式电脑。

智能手机虽然非常方便，但因其拥有电话、短信、视频等多种功能，会分散我们的专注力。所以在专注工作时，我们最好将手机调至静音模式或者免打扰模式。

如果有人有急事找我，可以通过公司的座机联系我，我也可以在工作结束后回电。只要让大家了解我在专注工作时不接电话这一行动准则，就没什么问题。与此相比，我认为专注力分散才是大问题。

我之所以选用台式电脑而不是笔记本电脑，主要是因为台式电脑显示器更大、使用更方便。

现在还有超宽屏显示器，颇受欢迎。（当然，如果大家选用的是笔记本电脑，也可以采取外接显示器的方法。）

使用大显示器可以同时打开多个窗口和界面，方便我们对照查阅，而且用大屏幕查看视频和表格数据等也更清晰。

如果显示器足够大，我们就可以一边整理资料一边参考查询到的相关资料，省去了每次都要切换窗口的时间，使工作更加顺畅。

随着社会的发展，个人负责的工作内容越来越多样化，需要用到的办公软件也越来越多，所以经常会出现同时打开邮件、搜索引擎和办公软件的情况。收集信息时，打开多个网站进行对比，同时使用 Excel 和 Word 文档的情况也不在少数。

使用大显示器可以帮助我们提高工作效率，尤其是在处理多项并行任务时，更具明显优势。

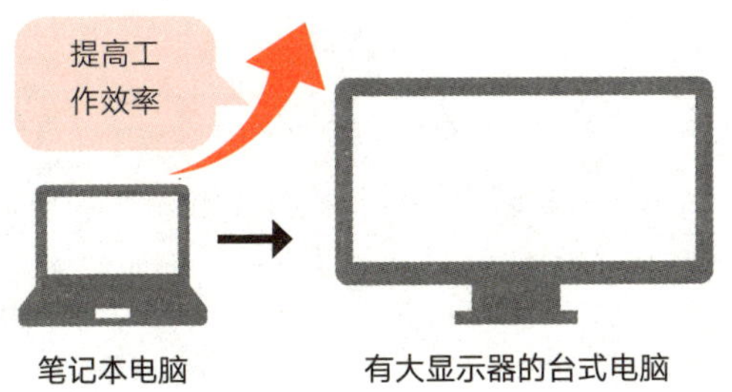

为了提高工作效率，不妨在价格比较合适的时候为自己选购一台有大显示器的台式电脑。

④ 根据情况选择合适的终端设备

随着远程办公的逐渐普及，更多人倾向于使用笔记本电脑。而我除了外出办公时使用笔记本电脑，其他时间基本不会用它。

大家可以根据实际工作情形回忆一下，除了开会时可能需要随时用笔记本电脑确认资料，或因公出差需要携带笔记本电脑等少数情况，基本上都能用台式电脑代替笔记本电脑。

笔记本电脑和它的名称一样，其实就像一个笔记本，我们可以随时确认里面的内容，在非固定办公环境下收集信息或制作资料。

根据自身情况和客观条件合理选择所需的终端设备，不但能提高效率，也更经济、合理。

POINT

乘坐交通工具时可以利用智能手机学习。学习一些较为复杂的内容时，更适合使用有大显示器的台式电脑。

不要把时间浪费在看电视上

电视是娱乐媒体，不适合用于收集信息。

1 通过看电视节目收集信息效率很低

媒介有多种类型，前面我主要为大家介绍了新闻网站和书籍。

虽然我曾经从事过与电视行业相关的工作，但我不建议大家通过看电视的方法来收集信息。有人可能会觉得奇怪，不推荐的原因是我讨厌看电视吗？

当然不是。我认为电视可以说是非常好的媒介，但是它更偏重娱乐性。

作为大众传播媒介，电视虽然普遍较为注重节目质量，但为了让大众更容易理解节目内容，往往在讨论一个话题时，会做很多铺垫性的辅助内容，所以时间较长，使我们获取信息的效率不高。电视节目通常也会在专业评论员身边安排一位非专业人员充当插科打诨的角色，以此来调动节目气氛，通过加入趣味性和娱乐性元素来吸引更多观众。

有些节目还会进行街头采访，让大众直接参与讨论。但是这些采访发言最后都会根据需要进行剪辑，所以我们看到的并非完全真实的第一手信息。

虽然电视节目传播的信息质量较高，但更适合作为娱乐消遣而非用于信息的高效收集。

② 电视媒介缺乏真实性

对于最大限度追求信息真实性的人来说，临场即兴的评论和意见更能反映实际情况，而照本宣科总会在一定程度上让人觉得缺乏可信度。这就和经过精心准备、无懈可击的艺人的发言，远不如可能说错话的新媒体用户的评论更让人觉得可信是一个道理。

当今社会，相比四平八稳、不痛不痒的内容，“不经粉饰的语言”和“注重真实性的传播力”往往能获得更高的评价。

面对庞大的信息量，人们自然会主动寻求真实的、准确无误的信息。这可能也是大众希望电视媒体不要对信息进行过度加工的原因之一。

相比之下，我们可以从视频媒体上获得内容更直接、没有过分娱乐化加工的信息。只要我们掌握了高效收集信息的方法，就没有必要通过观看电视节目来获取信息。

POINT

电视是面向大众的传播媒介，不宜将其作为收集信息的途径。利用视频媒体收集信息的效率更高。

开启棱镜思维

正确答案会因条件的变化而变化，所以我们要开启棱镜思维。

1 开启棱镜思维，从相反的立场去思考

面对洪水般泛滥的信息，我习惯利用棱镜思维进行甄别。当主流舆论趋势形成时，我会试着从自己的想法的对立面重新审视问题。

也就是说，针对发生的事情，我会从与自己完全相对的立场去收集信息。这样可以帮助我更加客观地看待问题。

收集到的信息越多，我们能接触到的不同意见也就越多，有正方的意见，也有反方的意见，这样做不是为了寻求折中意见，而是为了更全面地了解问题本身。

我们的思考也是一样。面对类似的问题，我们给出的答案也会因为一些条件的变化而不同。有时正确答案可能不止一个，我们只需要根据当下的情形做出自己认为正确的判断即可。

我将上述思考方式称为棱镜思维。

棱镜是由玻璃等透明物质做成的多面体，会折射或反射光线。思考也一样，应具有多面性。

② 注意确认“谁”“何时”“为何”发布的信息

媒介素养是指在面对各种信息时所表现出来的分析选择以及思辨能力。判断信息正确性的标准之一，就是确认信息的重要性。

以下是确认信息重要性的 5 个条件：

①是谁？（是谁发布的信息？）
②何时？（何时发布的信息？）
③事实？（信息是否属实？）
④关联？（与自己有何种关联？）
⑤为何？（发布信息的目的是什么？）

利用以上 5 个条件，我们就可以在一定程度上了解信息和信息发布者的情况。也就是说，通过以上筛查方式获取的信息，基本上是可信的。

上述条件中，是谁、何时、为何这 3 个条件最为重要。

如果我们能了解信息发布者的职业、专业、取得过何种成绩，我们对其发布的内容的信赖度就会有所变化。另外，根据信息发布的时间，我们可以掌握信息的时效性，从而判断就目前而言信息是否正确。再者，我们需要确认发布者发布该信息是否另有目的，比如是否具有煽动性或宣传目的。如果信息发布者具有特殊背景，我们就可以根据情况判断该信息的可信程度。

③ 正确答案就像经过棱镜的光一样会发生变化

经过前文讲述，可能有人会觉得棱镜思维将导致我们无法相信普通人的任何言论。其实并非如此。有时候，越是名声赫赫的信息发布者，越可能出于各种目的引导舆论。

所以，我们需要利用棱镜思维去自主判断。某个时间点对自己来说是正确答案的信息，未必永远是正确答案。答案会随着时间、环境等因素的改变而改变。

正因为正确答案可能不止一个，所以我们需要从不同的角度去看问题。如此，即使不确定因素再多，我们也能做出正确的判断。

在实际生活中，我们经常会遇到这样的情况：如果要满足某一条件，A 是正确选项；但如果要满足另外的条件，则 B 是正确选项。在这种情形下，我们要如何给出答案？

面对这种难以直接做出选择的情形，如果能有效利用棱镜思维，我们就能在处理纷杂的信息时进行理性思考，而不会被信息所左右。

棱镜思维模式图

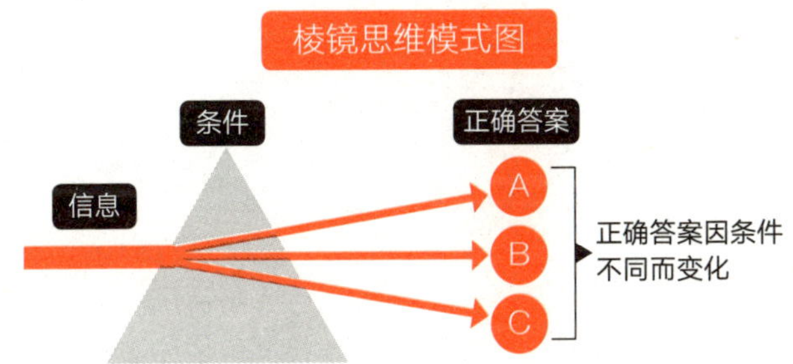

POINT

面对泛滥的信息，需要对其真实性进行判断。正确答案会因条件的不同而变化，试着用棱镜思维进行思考吧。

培养直觉判断力

通过将信息植入潜意识来提升直觉判断力。

1 直觉判断力是综合认知能力

通过前面的章节，我们了解到，在甄别信息正确与否时，除了可以对信息进行筛查，还可以用棱镜思维根据相应条件进行判断。但即便如此，现实中还是会有不少难以判断的情形。

比如说，在条件不确定的情况下，我们很难做出判断。遇到这种情形，我们该如何处理呢？

其实，除了通过理性思考进行判断，我们还可以发挥直觉判断力。有的人可能会觉得直觉并不可靠，不过这里所说的直觉判断并不是完全没有根据的凭空猜想。

通常，我们会根据因果关系得到答案，也就是说，因为某个原因，所以得出了结论。因为原因本身是经过理性思考而得出的，所以我们会认为得到的答案是正确的。

但是，是否只要通过理性思考，就一定能做出正确的决策呢？理性思考真的是我们做出正确决策的唯一方式吗？

在此，我举一个简单的例子。动物是不具有理性思考能力的，它们依靠本能和直觉对行动做出判断。就此而言，非理性的判断未必不是正确的决策。

所谓直觉，是指生物在根据积累的经验法则、记忆和潜意识中存储的信息做出判断的基础上，整合感知到的信息，将其作为判断依据而得出结论。

科学研究已经证明，有效激活前额皮质可以锻炼直觉判断力，这一点在前面的章节中也有阐述。

直觉判断并不是毫无根据的胡乱猜想。

2 潜意识中存储的信息有助于我们发挥直觉判断力

除了积累的经验，记忆和潜意识中存储的信息也会对直觉判断产生影响。

这里所说的信息，当然也包括流量信息。正如前面的章节里所讲述的，通过收集信息和利用高速阅读法读书，我们会获取大量的信息，这些信息一小部分作为重要内容被我们主动记住，而大部分则作为流量信息储存在潜意识中。

潜意识中的流量信息内容可能比较模糊，但仍然是我们进行直觉判断时的强大参考数据。我们每天获得的信息量越大，在关键时刻凭借直觉判断力做出正确决策的可能性就越高。

POINT

直觉是基于经验法则、记忆和潜意识中存储的信息做出的综合性决策。日常收集的信息量越大，直觉判断力就越强。

上冈老师的学习小窍门

利用印象笔记存储信息

在这里我想为大家介绍一些有利于信息收集的应用程序。

我们每天在浏览大量信息时，会选择有用的信息加以储存，日积月累，存储的信息会越来越多。

一般来说，我们可以利用书签等功能保存从网上获取的信息，但就我个人而言，书签功能已经无法满足我的储存需求了。

我推荐大家使用印象笔记这个应用程序，我们可以利用网页剪藏功能来存储信息。

网页剪藏功能和书签功能类似，只需下载安装插件即可使用。但与书签不同的是，我们可以通过应用程序中的搜索功能快速找到剪藏的页面，也可以利用截屏功能直接保存所需的页面内容。这是一个非常直观的信息收集处理工具。

对于像我这样日常需要处理大量信息的人来说，有效利用印象笔记一类的应用程序，可以更好地获取信息并建立高效的信息库。

利用印象笔记保存从新闻网站获取的信息

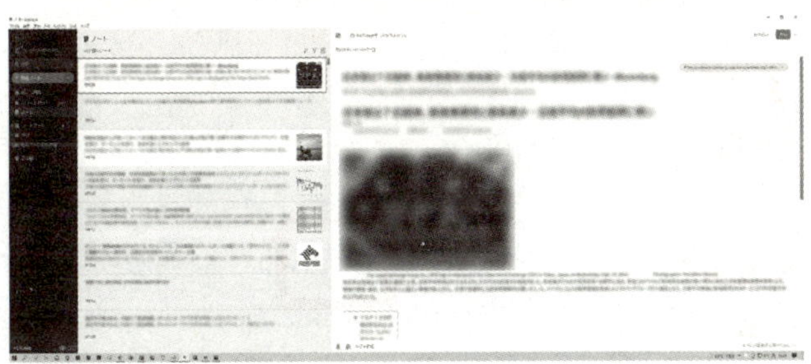

书签功能无法帮助我们从保存的大量信息链接中迅速找到所需内容。而网页剪藏功能，不但能帮助我们通过图片直观地进行确认，还可以帮助我们从信息标题列表中找到所需内容。应用程序中还有检索功能，可谓十分方便快捷。印象笔记的使用方法很简单。和谷歌邮箱一样，你只需登录一次，就能自动同步同一账号的电脑和手机等客户端，所以无论是外出使用手机还是利用电脑等其他终端设备，我们都能找到存储的信息内容。

这类应用程序可以帮助我们更好地管理和利用收集到的信息，提高工作效率，大家不妨也尝试使用一下吧！

第5章

有助于取得
资格证书和投资理财的

积累型学习的高效记忆法

考虑到今后的职业发展和生活，越来越多的人为了取得资格证书、投资理财、开展副业而投入学习中。这类学习都以记住相关知识为前提，没有一定知识储备就无法很好地进行实践。因而，如何高效地记忆所学内容就变得尤为重要。

学习技能和学习知识的方法是不同的

学习投资理财重在积累知识，应当明确学习目标。

① 为了取得资格证书的学习属于积累型学习

有时成年人学习不仅仅是为了更好地服务于目前从事的工作，还可能是为了开展副业或者通过跳槽改善薪酬待遇。还有人考虑到退休后的生活，希望能通过学习获得一技之长。

也就是说，有的学习内容并非马上能在工作和生活中得到应用。无论是为了考取资格证书还是掌握技能，学习过程一般都是循序渐进的，在学完全部内容后才能进行最终的应用。

如此一来，利用 IOK 高速循环学习法进行快速应用就变得不太容易了。

当我们不能现学现用时，可以将学习重心放在记忆上。比如像应对会计从业资格证考试，我们需要尽可能多地记住知识点，通过考试后才能进入下一个学习阶段，最终取得高级会计师资格等。或者像应对法律职业资格考试，我们需要通过由浅入深的学习，逐步掌握考试内容，最终获得相关的资格证书。

所以，为了取得资格证书的学习，可以说是一个积累知识的过程，注重对知识点的记忆，而非大量地获取流量信息。

屏蔽无效信息，注重记忆所学内容。

2 投资理财应该有明确的目标

针对投资理财的学习，总的来说，和高效记忆所学内容、在短时间内快速取得资格证书的学习过程大致相同，学习方法也大同小异。

由于针对投资理财的学习内容同样无法迅速加以应用，所以在学习过程中，我们必须明确重点，以保持长久的学习动力。

从学习相关知识到应用所学进行实际的投资理财，中间会有一段漫长的枯燥学习期。在这期间，我们除了需要选择合适的方法保持学习动力，还需要靠意志力坚持下去。

所以，在学习投资理财方面的知识时，我们应该要有除了增加收入以外的明确目标，我们甚至可以设定一个远大的理想。比如说，为社会贡献一己之力，或者实现儿时的梦想等，美好的愿望往往会比物质上的改善更能激励我们不断努力。

POINT

为了取得资格证书的学习属于积累型学习，更重视对知识的记忆和积累，需要我们设定更明确的目标。

设定投资理财以外的目标

利他性目标更有利于维持动力。

1 只以投资理财、实现财务自由为目标，结果往往会失败

可能有人会问，明明是为了自己能更好地投资理财、实现财务自由才努力学习考取相关资格证书的，为什么要设定投资理财以外的目标呢？

其实理由并不难理解，因为我们很难保证通过学习投资理财的相关知识就一定能实现财务自由。

虽然确实存在高薪的工作和容易赚钱的副业，但任何令人羡慕的工作，其背后的付出都并不轻松。而且，为了增加收入所投入的时间与收获大多是成正比的。

如果学习的最终目的只是实现财务自由，那么在没有取得理想回报的阶段，我们很容易丧失动力，无法坚持下去。大家可以结合自身情况思考一下，这样失败的例子应该不在少数。

所以，我们可以结合前面章节讲过的多层次回报，在学习投资理财时更为审慎地设定目标。我们可以将目标设定得更为丰富，比如通过学习使业余时间变得更充实且有意义，或是掌握投资理财的技能让自己在退休后也有事可做，更远大一点的目标还可以是身体力行地为孩子们创造美好的未来，等等。

② 利他性目标更有利于维持动力

要想取得相关资格证书或掌握某项技能，我们至少需要投入3个月的时间。在此期间，我们只有设定多层次目标，才能切实地维持学习动力直至进行应用。

我在前面讲过，大脑被预先设置了一种行为模式，促使我们通过助人为乐的行为刺激大脑分泌多巴胺，从而产生愉悦感。也就是说，相较于为了自己，利他性目标更能激发我们的动力。所以，我们不妨想想自己做一件事，可以为他人带来什么。

拿工作来说，我们可以思考一下自己的工作能为社会做出什么贡献，单纯地从为了家庭、为了心爱的人的角度思考也可以。

增加利他性目标，能帮助我们增强动力，更好地投入学习。

POINT

有些学习内容无法马上加以应用，因而不易让我们保持学习动力。不妨通过设定利他性目标和想象多层次回报来保持学习热情。

实现目标的捷径

尽可能地置身于距离目标最近的环境。

1 明确真正应该做什么

如果学习的目标是取得资格证书，那么我们就会遇到前面讲到的无法及时应用的问题。所以，当我们下定决心一定要达成目标时，可以尽量主动为应用创造条件，让自己置身于距离目标最近的环境。

比如，虽然你现在就职于某公司，但目标是想通过学习成为一名司法书士[①]，那么最快的捷径就是辞去现在的工作，找一家事务所边学边做。

同理，如果你想成为视频媒体博主，与其从事完全无关的工作，不如在视频制作公司找一个销售的职位，这样更容易实现目标。

如果我们能置身于距离目标最近的环境，就能通过切身感受获得书本以外的第一手相关信息，同时也能更加明确为了实现目标真正应该做什么。

① judicial scrivener，日本的一种职业。主要负责各种登记相关事宜，并可代理简易民事诉讼、民事保全、和解与调解等。——译者注

在可以应用所学的环境中设定的目标更具有可行性，所以我们不妨忽略眼前的得失，因为这些都能在实现目标后得到弥补。

另外，置身于距离目标最近的环境，我们还能有机会与业内人士进行交流，获得行业的最新信息，了解行业的实际情况，为今后发展打下基础。

2 合理制订长期计划

为应用创造条件，我们要结合自身情况并妥善处理人际关系。突然辞职势必会打乱现有的生活状态，所以我们应该事先与家人商量。还有的公司禁止员工从事副业，所以我们在开展副业之前要仔细确认公司规定，不要因小失大。

我们应该极力避免不计后果的冲动行为，在条件允许的范围内有计划地进行应用。如果条件暂时不允许，我们则需要制订长期计划，在维持现状的同时寻找合适的可以进行应用的机会，等到时机成熟再打破现状。

另外，孤军奋战难免容易灰心丧气，我们不妨借助家人和朋友的支持和帮助，提高实现目标的可能性。

POINT

为应用创造条件，置身于距离目标最近的环境是实现目标的捷径。需要注意的是，要结合自身情况创造条件进行应用，不能冲动莽撞。

通过重复来强化记忆

通过多次重复，强化记忆。

1 反复阅读以强化记忆

考取资格证书或者以提交成果为前提的学习，都需要记忆大量知识点。所以，我们需要尽量将知识点牢牢记住，而不是将其模糊地留存在潜意识中。我在前文已经讲了多种强化记忆的方法，其中最重要的就是反复阅读。这也是高速阅读法的技巧之一。

反复阅读，不是针对某个内容进行精读，而是反复快速浏览重点内容，这样可以起到强化记忆的效果。

在高速阅读法一节中，我曾讲过一本书读 3 次的方法。为了强化记忆，我们可以在读 3 次的基础上，以 3 次为一组，隔一段时间就将书拿出来再回顾复习一下。相比逐一精读，多次重复浏览式阅读的记忆效果更好。

另外，使用右脑有助于强化记忆，这一点我在前文中也讲述过。所以在选择学习资料时，我们可以多选购有插图的书籍。右脑更倾向于记忆影像，记忆容量更大，记忆速度更快。所以在学习的过程中，我们可以主动发挥右脑的作用，以强化记忆。

选择不同时间多次重复观看同一视频也有助于强化记忆。

② 阅读带插图的参考书，更有利于记忆

我建议大家在购买有关资格证书考试等技能类学习参考书时，尽量选择带插图的书籍。和观看视频一样，反复阅读带插图的书籍可以有效强化记忆。配合使用高效阅读法阅读带插图的参考书，其记忆效果可能比观看视频更好。

以下是提高记忆效率的 3 个要点：

◎多次重复浏览式阅读而非精读。
◎选择带插图的书籍。
◎利用视频学习。

如果我们在学习时能有效融合以上 3 个要点，就能大大提高记忆效率。

针对得分制考试，在掌握实操技能之前，我们必须尽可能多地记住知识点，以确保通过考试。

值得一提的是，取得资格证书相关的考试，需要记忆的考点往往多于实际操作的内容。

POINT

利用大脑机制强化记忆。建议反复阅读参考书，结合插图和视频帮助记忆。

05 群组化学习有助于强化记忆

利用数天时间针对一门科目集中学习更有助于强化记忆。

1 集中式学习法更有助于记忆

除了反复阅读和运用右脑可以强化记忆，集中式学习法也是行之有效的方法之一。

相比片段化的、没有关联性的内容，大脑更容易记忆群组信息。所以，我们应该尽量集中学习有关联性的内容，这样更有助于记忆。

简单地说，就是我们在学习某一科目时，以章为单位的学习方式更有助于我们记忆所学内容。从记忆效果来看，“先学一下科目A，再学一下科目B”的学习方法并不可取。相反，先用数天时间学习科目A，再用数天时间学习科目B这种集中式学习法，更有助于强化记忆。

集中时间学习某一科目，相当于将分散的知识群组化，所以更容易在大脑中留下深刻印象。

另外，我建议大家不要一边学习一边做别的事情。比如，有人喜欢在学习时听音乐，虽然每个人的学习习惯不同，但接收到的无关信息难免会导致我们分心，也会在一定程度上影响记忆效果。

尽量减少无关信息对我们的影响，将分散的信息群组化，并将其视为一个整体进行记忆。

② 利用谐音记忆法帮助记忆

将分散的内容群组化，在通过建立关联以强化记忆的基础上，我们还可以利用一些小窍门来进一步帮助记忆。例如谐音记忆法，一种利用字词的相似读音来建立逻辑关系的记忆方法。

在学生时代，我就常用谐音记忆法来记忆历史年表。利用谐音将需要记忆的内容相互关联起来，是非常符合脑科学的合理、有效的记忆方法。

除了谐音记忆法，大家还可以根据个人的学习习惯，利用编故事记忆法、字头记忆法等方法来建立记忆内容的关联性。

不管哪种记忆方法，都是为了尽可能地将需要记忆的内容群组化，通过建立逻辑关系来帮助我们更高效地记忆所学内容。

POINT

集中式学习法更有助于记忆。不要一边学习一边做其他事情，以免分心。利用谐音记忆法可以更高效地记忆所学内容。

反复做练习题和模拟测验

虽然身处数字时代，但多写、多应用仍然是非常有效的记忆方法。

1 手写更有助于记忆

请大家回忆一下我在第 2 章讲解过的学习金字塔定律中关于学习内容留存率的内容。

记住学习内容最有效的方法是将所学内容教授给他人，其次是实践，也就是亲自应用。所以，在日常的学习中多做练习题、多进行模拟测验是非常有效的记忆方法。

做练习题和模拟测验也是将所学内容进行应用的方法之一。我们可以通过练习题和模拟测验来检验自己是否记住了所学内容或者获得的信息。

需要强调的是，在做练习题和模拟测验的时候，应尽量多动笔手写，而非利用电脑等电子设备。因为相关数据表明，手写更有利于记忆。

大脑思考答案，再通过手写将答案记录下来的过程对强化记忆是非常有效的，但涂答题卡一类的方式对强化记忆的作用并不理想。

另外，我们还可以通过间隔性地反复做练习题和模拟测验的方式来强化记忆，查漏补缺。

2 利用学习笔记总结所学内容

我们不仅可以用手写的方式做练习题和测验，还可以将所学内容和收集到的信息汇总，归纳制作适合自己的学习笔记。

在使学习笔记囊括从各种参考书和网站上获得的与所学相关的重要内容的基础上，我们可以通过画图、颜色区分等形式总结知识点，将其视为一本为自己量身定做的教科书。

制作学习笔记，相当于同时使用了手写记忆和群组化记忆两种有效强化记忆的方法，可谓一举两得。

近年来，制作学习笔记已然成为考生中流行的学习方法，大家可以参考各种学习笔记的制作方法进行应用。

教育界虽然也在推广利用平板电脑学习，但从脑科学的角度来说，手写仍然是十分有效的记忆方法。

通过手写加深记忆

POINT

动笔手写并不是无用功。多次重复阅读和手写学习内容可以强化记忆，配合群组化记忆，效果更佳。

合理制订学习计划

总结所学内容的要点，合理制订学习计划。

1 根据 5 个要点制订学习计划

通过前文的内容，我们已了解到按照什么顺序和频率来学习才能更有效、更深刻地记忆所学内容。

下面，让我们来回顾一下强化记忆的要点：

强化记忆的 5 个要点

①利用高速阅读法，3 次为一组，反复阅读。

②利用带插图的书籍和视频学习。

③集中式学习。

④制作学习笔记。

⑤反复做练习题和模拟测验。

制订学习计划时，我们可以从阅读参考书和相关实用书入手，参照 5 个要点中的第①点，利用高速阅读法看书学习。

在选购参考书时，根据第②点，我们应该优先选择带插图的，其次是标题质量高的参考书。此外，内容丰富的视频也是不错的选择。

至于到底需要多少本参考书，因所学内容而异。但如果你参考 5 个要点的第③点，就会发现，相比一本接一本地阅读新的参考书，精选四五本反复阅读更有助于强化记忆。如果参考书目比较多，我们可以根据科目分时间集中学习。

当我们利用高速阅读法读完参考书之后，就可以根据第⑤点开始做练习题和模拟测验了。需要注意的是，我们应该尽量反复多做同类型的不同练习题和模拟测验，而不是多次重复做同样的练习题和模拟测验。

经过上述过程，我们会逐渐养成高速阅读和做练习题及模拟测验的习惯。只需几周时间，我们就能较为深入地掌握一项技能或某类知识。进入这个阶段后，我们可以根据第④点，总结参考书和练习题及模拟测验中的知识点，以及从网上收集的相关重要信息，制作适合自身的学习笔记。

根据以上 5 个强化记忆的要点制订学习计划，我们基本能在 3 个月左右的时间内掌握一项技能或通过资格考试。大家可以根据自身情况，合理制订切实可行的学习计划。

POINT

以强化记忆为出发点合理制订高效的学习计划。一般来说，我们用 3 个月左右的时间就能基本掌握一项技能或通过资格考试。

找到适合自己的学习方向

审视自己的能力倾向和回顾至今为止获得的评价是不错的方法。

1 重新审视他人对自己的评价

在前文中，我已经讲过为考取资格证书或掌握一项技能，我们需要明确地设定学习目标。不过，有时尽管目标明确，学习也有动力，但学习效果却不理想，这可能是因为我们的能力倾向并不在该方面。

所以，我们有必要对自己希望从事的工作或想要学习的技能进行判断，思考其是否适合自己。

一般来说，我们学习技能或考取资格证书的目的主要有两个。

一个是为了日后能从事自己憧憬的职业或梦寐以求的工作。朝着梦想迈进的时候，我们的学习动力会非常强劲，但同时我们需要思考我们自身的能力倾向是否与该工作匹配。

比如，一个人笨手笨脚，味觉也不灵敏，却想通过学习成为一名厨师，那么他的梦想在很大程度上比较难实现，学习的过程也会非常艰难。理想在一定程度上要基于现实，我们应该根据自身的能力倾向，客观地选择适合自己学习的技能或想考取的相关资格证书。

在设定目标时，我们可以结合至今为止从他人那里得到的评价，从想要学习的技能或想考取的资格证书中选择适合自己的方向。

② 补充类技能和资格认证可以提升自身价值

学习技能或考取资格证书的另一个目的，就是弥补自己在技能方面的不足。

比如，学习编辑加工照片或视频的技能，或者通过掌握一些相关技能，可以在销售工作的基础上提供咨询业务等。

上述这种补充目的的学习，虽然也与自己的能力倾向有关，但后者的影响并不大。

以摄影和图像编辑加工技能为例，随着数字技术的发展，掌握该方面技能的难度在逐渐降低，基本上谁都可以学会并加以应用。

有的技能虽然不是自己所擅长的，但是学会了就有可能提升我们的自身价值，帮助我们升职加薪、开展副业，甚至可能帮助我们积累更多的财富，早日实现财务自由。

补充类技能往往长期伴随着我们的工作和生活，所以我们有大量的机会进行应用。这些小技能虽然不一定会给我们的人生带来巨大的改变，但却能切实地让我们收获无数次小的成功，学习的压力也更小。

POINT

跳槽之前需要客观地评估自己的能力倾向和适应性。不断精进补充类技能，有助于提升自身价值。

有助于实现财务自由的技能

警惕可以被 AI 取代的技术型工作。

1 随着技术的发展和 AI 的进步，社会需求也在发生变化

在学习技能时，除了要看自己是否适合，更重要的是要看这项技能是否被社会所需要。如果我们掌握了一项技能，但这项技能毫无用武之地，那就没有意义了。

世界上有各种各样的技能，这些技能的需求会随着时代的发展而变化。尤其随着数字技术的发展，如今很多技能已不再被需要。

就像我在前面提到的摄影、视频编辑，以及网页制作等，随着技术的进步，这些技能变得简单易学，很多业余爱好者都能达到专业水平，足以胜任相关工作。

另外，我们需要注意的是，有些技能日后有可能被AI所取代。目前，人们已经开始担心 AI 是否过度取代了人力劳动。

以制造业为例，工厂流水线的工作、信息收集、文字输入等，与人工操作相比，由机器去完成效率更高、成本更低。

近年来，收银和前台受理业务也逐渐向数字化转型，需要人工的多是一些管理机器设备的工作。所以，我们不难想象，数据输入和制造业等领域的人工需求在未来可能会消失。

可以根据数字技术的发展来判断哪些技能在未来仍然被需要。

② 即使在未来，有些工作也很难被 AI 所取代

说到未来不会被 AI 替代的工作，相信很多人第一时间想到的就是销售。的确，因为销售工作需要销售人员与人进行交流，所以即使数字技术不断发展也不易被取代。销售人员必须具备良好的口才和沟通技巧，才能应对与人交流时可能发生的各种状况。

其次就是创意类工作，比如导演、制作人等。即使许多技术型工作都将被 AI 所取代，依赖创造力的创意类工作大多还是需要人的智慧。导演和制作人之所以被需要，是因为他们无穷的创造力和想象力，丰富的经验，以及面向大众的传播能力是不可取代的。这个时代，只要拥有足够的经验和传播技能，人人都能当制作人（全民主播）。

因而，我们有必要展望未来，结合时代与技术的发展选择适合自身的技能。审时度势也是保证我们不被时代淘汰的必备能力。

POINT

随着数字技术的发展，将来很多工作都可能被 AI 所取代。因此，我们在学习技能时应考虑其未来的发展前景。

数字技术的发展带动灵活就业

数字化发展赋能小公司、工作室等小型经济业态的发展。

① 依靠先进技术诞生的视频媒体经济

随着数字技术的发展，一些技能变得简单易学，而我认为最大的受益者就是随之诞生的视频媒体经济。

现如今，只需要一部智能手机，我们就能完成从拍摄到后期制作的所有步骤并将视频发布到社交软件或网络平台上。视频媒体访问简便，可向全世界发布信息，就某些方面而言，它甚至比电视媒体更具影响力。

比起在电视上投放广告，越来越多的商家开始选择和订阅人数多的视频媒体博主合作播放广告，而且这种定向宣传的效果可能更好。

视频媒体受众广泛，使用简单，我们可以自己制作内容并在上面发布信息。伴随数字技术的发展而诞生的这类新媒体经济相关工作，就是 AI 无法代替的工作。

② 大胆想象多层次回报

数字技术的发展带动了众多小公司、工作室等的成立，接下来这些小型经济业态需要面对的是如何通过时代的检验，不断成长壮大。

而小型经济业态的普遍化，也将带动工作方式的改变，越来越多的人将会选择灵活就业。

我之所以会开始在视频媒体上发布内容，不仅仅是因为其门槛低、起步简单、容易发展，更重要的是我认为视频媒体可以成为公司的一个宣传渠道，同时还能成为我学以致用的途径之一，再加上在视频媒体上发布信息的难度并不大，这样一举多得的事情，当然值得一试。

当我们开始一项新业务或学习新技能时，可以采用想象多层次回报的方法，维持学习动力。关于多层次回报，我在之前的章节中讲述过。一项技能至少应该有 3 个层次以上的回报，才值得我们花时间和精力去学习。

不难想象，今后数字技术还将进一步发展，信息发布媒介也将更加具有针对性并日益多元化。如何做到快速、全面地认知信息，始终是非常重要的。我们应该提高收集信息、简化信息的能力，尽快将所学内容加以应用，与时代发展保持同步。

视频媒体带来的多层次回报

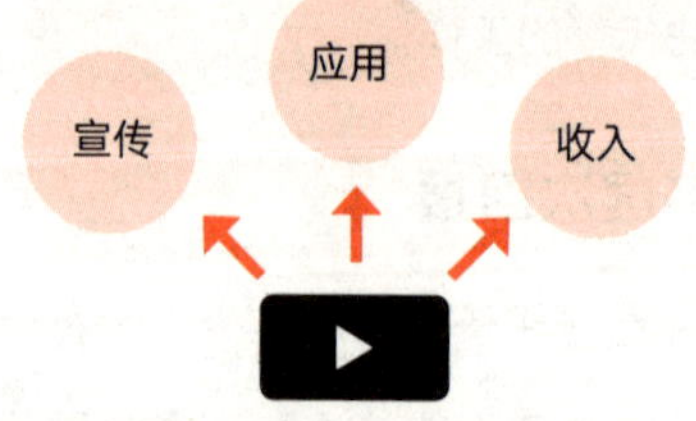

POINT

伴随数字技术日新月异的发展，灵活就业将成为未来就业的主流形式。不断提高自身能力才能更好地应对新经济业态，适应社会发展。

实现财务自由的捷径

只要不断努力，任何人都有可能获得成功。

1 通过自我投资实现财务自由

我通过学习投资和在视频媒体上发布视频实现了财务自由。这一切都要归功于省时高效学习法。

每个人实现财务自由的方式都不相同。有人和我一样通过股票和房地产投资进行理财，有人努力考取资格证书从而获得更好的工作机会，也有人以做视频媒体博主或网红博主为副业增加收入。不管通过什么途径，大部分人都是通过学习等方法掌握了新的技能才收获了成功。也就是说，自我投资是实现财务自由的必经之路。

每天漫不经心地过日子，生活是很难发生太大变化的。我们必须行动起来，长期坚持自我投资，在失败的基础上不断进行改善，才能有所收获。

任何人遇到失败都难免会气馁，但如果我们能从中汲取经验和教训，不断进行自我改善，就能离财务自由越来越近。

如果大家按照本书所讲述的方法坚持加以应用，总结失败、改进方法，那么成功也将指日可待。

不断改善听起来很容易，但实际执行起来还是有一定难度的。凡事先苦后甜，我们只要坚持，就一定能有所收获。

② 享受过程才能获得真正的幸福

在改善的基础上不断进行自我投资，我们就有机会拥有自己理想的生活。成功的结果固然重要，但是享受努力的过程也同样重要。

如果我们觉得别人比自己活得轻松，或者别人的人生总是充满快乐，那么难免就会产生消极思想，觉得自己的生活艰难。

同 FIRE 运动追求的提前退休一样，我们之所以认为不工作的生活更轻松，大多是因为我们所从事的工作让自己感到痛苦。

也有一些通常意义上的成功人士说过，虽然收获了财富和名誉，但却感觉不到幸福。可见，财务自由和幸福的人生并不能直接画等号。

我们之所以感觉不到幸福，在于无法肯定自我，找不到合适的生活方向。无论我们选择何种生活方式，都不应该自我否定，积极的生活态度是非常重要的。

实现财务自由，不过是获得幸福人生的途径之一，而非生活的全部。我们可以通过不断地改善和自我提升来获得自己向往的生活。

POINT

改善和坚持才是人生最大的财富。保持自信，享受学习和掌握技能的过程吧。

上冈老师的学习小窍门

控制多巴胺分泌

我们为了实现财务自由而学习新的技能、考取资格证书，其实就是对人生做加法的过程，但有时我们也需要适当地做减法。

我对自己的人生进行了很多投资，无论是学习理财投资，还是做视频媒体博主等，前期都投入了很多资金，而在日常生活中，我花钱的地方很少。我的衣服大多简单、朴素，我不追求名牌。

想拥有奢侈品和金钱，实际上也是大脑的奖励机制使然。当我们拿到一件名牌衣服时会感到兴奋，获得一种愉悦感，这就是多巴胺带来的影响。

如果我们过分依赖于通过购物等方式来获得愉悦感，就会削弱我们对通过学习掌握技能、取得成果而获得的愉悦感的体验。购买奢侈品在很大程度上是一种浪费，而通过学习掌握技能不但能刺激大脑分泌多巴胺，还能成为我们对自己的长线投资。

如果我们过分依赖物质所带来的愉悦感，就容易过度消费，从而浪费本可用于自我投资的资金。

掌握技能、考取资格证书，以及收获事业上的成功等，都能为我们带来愉悦的体验，且远比购物等带来的愉悦感更强烈、更持久。请大家注意，我不是说不能把钱花在奢侈品一类的物质享受上，而是想提醒各位，通过购物获得的愉悦感和通过学习掌握技能所获得的愉悦感是完全不同的。

我们应该善用大脑的奖励机制，合理控制多巴胺分泌，将有限的资金用在值得的投资上。所以，我们要避免无意义的多巴胺分泌，尽量平衡从学习、工作和生活中获得的愉悦感。

读完本书，相信大家应该对如何不做无用功、省时高效地学习有了一定的了解，也会切实感受到为了不被时代淘汰，我们必须不断地学习，进行自我投资。

随着时代的发展，我们的工作和生活方式都发生了一定的变化。就工作而言，终身雇佣已不再是理所当然的事情，人们开始注重个人职业生涯的发展。

结合当下的社会环境，我们必须认真审视自己能做些什么，要拥有为自己的人生开辟道路的能力。

如果我们每天都机械地工作，没有任何主动性，是永远不可能获得自我成长的。无一技之长而年复一年混日子的人，很容易被社会淘汰。

如果想在今后拥有丰富的人生，我们必须通过不断的学习提升个人的竞争价值。话虽如此，实际上我们每天疲于工作，很难再挤出时间学习。我相信很多人都有这样的烦恼。本书就是为了

帮助大家更好地在有限的时间里高效学习而写的。

就我个人而言，目前我一边经营着 3 家公司，一边进行股票和房地产投资，同时也作为作家和视频媒体博主而小有成就，另外我还在研究脑科学和社会心理学，并在大学担任讲师等，每天都过得相当充实。

我之所以能有如此丰富的职业履历，关键是因为我一贯利用本书所介绍的方法持续不断地学习。也正是基于亲身经历和个人的成功经验，我才有信心将经过多年摸索改进的学习方法的精华内容传授给大家。

希望本书能对大家的职业发展有所帮助，也衷心祝愿各位都能通过学习收获未来可期的人生。

未来，属于终身学习者

我们正在亲历前所未有的变革——互联网改变了信息传递的方式，指数级技术快速发展并颠覆商业世界，人工智能正在侵占越来越多的人类领地。

面对这些变化，我们需要问自己：未来需要什么样的人才？

答案是，成为终身学习者。终身学习意味着具备全面的知识结构、强大的逻辑思考能力和敏锐的感知力。这是一套能够在不断变化中随时重建、更新认知体系的能力。阅读，无疑是帮助我们整合这些能力的最佳途径。

在充满不确定性的时代，答案并不总是简单地出现在书本之中。“读万卷书”不仅要亲自阅读、广泛阅读，也需要我们深入探索好书的内部世界，让知识不再局限于书本之中。

湛庐阅读 App：与最聪明的人共同进化

我们现在推出全新的湛庐阅读App，它将成为您在书本之外，践行终身学习的场所。

- 不用考虑“读什么”。这里汇集了湛庐所有纸质书、电子书、有声书和各种阅读服务。
- 可以学习“怎么读”。我们提供包括课程、精读班和讲书在内的全方位阅读解决方案。
- 谁来领读？您能最先了解到作者、译者、专家等大咖的前沿洞见，他们是高质量思想的源泉。
- 与谁共读？您将加入优秀的读者和终身学习者的行列，他们对阅读和学习具有持久的热情和源源不断的动力。

在湛庐阅读App首页，编辑为您精选了经典书目和优质音视频内容，每天早、中、晚更新，满足您不间断的阅读需求。

【特别专题】【主题书单】【人物特写】等原创专栏，提供专业、深度的解读和选书参考，回应社会议题，是您了解湛庐近千位重要作者思想的独家渠道。

在每本图书的详情页，您将通过深度导读栏目【专家视点】【深度访谈】和【书评】读懂、读透一本好书。

通过这个不设限的学习平台，您在任何时间、任何地点都能获得有价值的思想，并通过阅读实现终身学习。我们邀您共建一个与最聪明的人共同进化的社区，使其成为先进思想交汇的聚集地，这正是我们的使命和价值所在。

NOUKAGAKUSHA GA OSHIERU COSPER SAIKYO! BENKYOHO
by MASAAKI KAMIOKA

Original Japanese edition published by Takarajimasha, Inc.
Simplified Chinese translation rights arranged with Takarajimasha, Inc.
through East West Culture & Media Co., Ltd., Tokyo Japan

图书在版编目（CIP）数据

学会聚焦 /（日）上冈正明著 ;（日）高木弥佳译
. -- 杭州 : 浙江教育出版社, 2023.8
ISBN 978-7-5722-6269-2

Ⅰ. ①学… Ⅱ. ①上… ②高… Ⅲ. ①学习方法—通
俗读物 Ⅳ. ①G442-49

中国国家版本馆CIP数据核字(2023)第140764号

浙江省版权局
著作权合同登记号
图字:11-2023-087号

上架指导：职场 / 高效学习法

学会聚焦
XUEHUI JUJIAO
[日]上冈正明　著
[日]高木弥佳　译

责任编辑：李　剑
文字编辑：傅美贤
美术编辑：韩　波
责任校对：傅　越
责任印务：陈　沁
封面设计：ablackcover.com

出版发行：浙江教育出版社（杭州市天目山路 40 号）
印　　刷：天津中印联印务有限公司
开　　本：880mm ×1230mm 1/32　　插　　页：1
印　　张：7.75　　字　　数：125 千字
版　　次：2023 年 8 月第 1 版　　印　　次：2023 年 8 月第 1 次印刷
书　　号：ISBN 978-7-5722-6269-2　　定　　价：89.90 元

如发现印装质量问题，影响阅读，请致电 010-56676359 联系调换。